AF389600

LA BOURSE

ET

LE PALAIS

LA BOURSE

ET

LE PALAIS

Procès de Finance et Questions de Droit pratique

SÉRIES D'ÉTUDES PUBLIÉES PAR « LE CAPITALISTE »

SOUS LE TITRE :

AGENTS DE CHANGE ET CLIENTS

EN VENTE

AUX BUREAUX DU CAPITALISTE

4, FAUBOURG MONTMARTRE, 4

PARIS

—

1884

AVANT-PROPOS

Nous n'avons pas la prétention de publier un manuel des opérations de Bourse ; notre but est plus modeste.

On sait le nombre considérable des procès financiers depuis le krach de janvier 1882 ; ils se sont succédé de telle sorte qu'il ne s'est pour ainsi dire presque pas passé de jour où la jurisprudence ne se soit enrichie d'une solution nouvelle ; au jour le jour, nous avons relevé et analysé les décisions les plus importantes : c'est cette série d'études que nous offrons aujourd'hui au Lecteur.

Les contestations entre les clients et les intermédiaires tournent dans un même cercle : qu'il s'agisse de l'exception de jeu, des couvertures, des exécutions avec ou sans mise en demeure, des livraisons tardives, etc., etc. ; ces questions ont été discutées dans tous les sens devant toutes les juridictions ; nous avons essayé de les grouper avec le plus de clarté possible, en réunissant en chapitres distincts, les matières qui se rattachent au même ordre d'idées. Nous n'avons pas suivi d'ordre plus ou moins méthodique ; nous nous sommes borné à un classement tel que l'on puisse se reporter facilement à l'espèce que l'on recherche.

Sans négliger les questions de théorie, nous avons pensé qu'il était utile, pour la pratique quotidienne des affaires, de résumer les circonstances spéciales à chaque procès ; un exposé des faits rend plus saillants les différents systèmes en litige : aussi, nous sommes-nous efforcé de mettre en relief, en les dégageant des détails qui les enveloppent, les principes qui résument chaque matière.

Une certaine importance est donnée à la loi du 15 juin 1872, qui intéresse tant de gens, hélas ! puisqu'elle s'occupe de valeurs au porteur détruites, égarées, détournées par suite de vol, abus de confiance, escroquerie, etc., etc. Un chapitre est aussi consacré aux questions d'appels de fonds, de Sociétés en faillite, de responsabilité des souscripteurs ou porteurs intermédiaires, du secret professionnel des agents de change, etc., etc., questions qui ont joué et joueront encore un grand rôle dans les procès de finance.

Nous avons consulté avec fruit les savants ouvrages des auteurs dont nous citons les noms à la fin de ce livre. Ceux qui voudront approfondir ces matières pourront s'y reporter.

Cette publication ne s'adresse pas seulement à ceux qui *font* de la pratique du droit leur profession habituelle ; les *Directeurs et Administrateurs de Sociétés, les Agents de change, Banquiers, gens d'affaires, les simples particuliers n'ont pas toujours le loisir, ni la possibilité de remonter aux sources et de consulter les auteurs :* ILS VEULENT SAVOIR PROMPTEMENT, EN CAS DE CONTESTATION, CE QUI PEUT AVOIR ÉTÉ DÉJA DÉCIDÉ PAR LA JUSTICE EN PAREILLE CIRCONSTANCE. *Notre but serait d'avoir réussi à satisfaire leur désir.*

LA BOURSE ET LE PALAIS

Procès de Finance et Questions de Droit pratique.

SÉRIES D'ÉTUDES PUBLIÉES PAR LE *CAPITALISTE*

SOUS LE TITRE :

AGENTS DE CHANGE ET CLIENTS

PREMIÈRE PARTIE

OPÉRATIONS DE BOURSE

CHAPITRE PREMIER

**Leur validité. — Action contre le Client. — Article 1965.
De l'exception de jeu. — Question d'appréciation.**

La question dont nous donnerons un simple aperçu a joué et joue encore un grand rôle dans les rapports entre les clients et les intermédiaires : nous voulons parler de l'exception de jeu opposée par le débiteur lorsqu'il est actionné devant les tribunaux en payement des sommes dues.

En cette matière, ce ne sont pas les documents qui font défaut : la seule énumération des jugements et arrêts rendus à ce sujet remplirait plusieurs pages. Dans l'état actuel de la jurisprudence la question peut être résumée en quelques formules dont celle-ci est la principale :

Les marchés à terme, faits en vue de bénéfices à réaliser sur les variations du cours des effets publics, n'impliquent pas nécessairement par eux-mêmes la présomption légale ou la preuve du jeu. Le point de savoir s'il y a eu jeu de Bourse est une question d'intention dont l'appréciation souveraine appartient aux juges du fond. (Cour de cassation, arrêt du 21 janvier 1878.)

Ainsi les marchés à terme sont licites lorsqu'ils présentent des apparences sérieuses d'après les intentions et les ressources des parties : ils peuvent être considérés comme prohibés, toutes les fois qu'ils paraissent dissimuler des jeux ou paris sur la hausse et la baisse. A cet effet, les magistrats ont pris pour fondement juridique de leurs décisions l'article 1965 du Code civil ainsi conçu : « La loi n'accorde aucune action pour une dette de jeu ou le payement d'un pari. »

Cette détermination du caractère sérieux ou fictif de l'opération est donc une pure *question de fait* sur laquelle les cours d'appel statuent souverainement. Tel a été presque toujours l'avis de la Cour suprême lorsqu'elle a été consultée à cet égard.

C'est une tâche bien délicate pour les Tribunaux d'avoir à rechercher quelle a été l'intention des parties au moment de l'opération; il ne suffit même pas de reconnaître, pour admettre l'exception de jeu, que le client n'a pas eu l'intention de livrer les titres ou d'en recevoir livraison, il faut de plus que l'intermédiaire puisse être considéré *comme ayant connu* l'intention du client.

Pour avoir un résumé aussi complet et aussi clair que possible de toute la jurisprudence sur la matière qui nous occupe, il suffit de consulter le rapport présenté à la Chambre par M. Naquet sur le projet de loi relatif à la validité des marchés à terme.

On y verra comment le rapporteur est amené à conclure « qu'il n'y a pas de critérium bien net pour distinguer les marchés fictifs des marchés sérieux et que la question soumise aux Tribunaux est insoluble. » C'est absolument vrai, et nous en trouvons la preuve dans deux arrêts que nous signalons plus loin : ce sont les seuls que nous citerons, mais ils viennent tout à fait à l'appui des conclusions de M. Naquet, le MÊME FAIT ayant été apprécié différemment par la Cour de Paris et par la Cour d'Amiens.

M. X..., banquier, avait été chargé, en octobre 1879, par un client, le sieur P..., de l'achat de cent titres de la Banque d'Escompte. Ces titres avaient ensuite été vendus et l'opération s'était liquidée, par suite de la baisse des valeurs, par un solde de compte débiteur de 15,000 fr. environ.

M. P... ayant refusé de payer, le banquier l'assigna devant le Tribunal de commerce de la Seine; le débiteur déclina la compétence de la juridiction commerciale et opposa l'exception de jeu. Par jugement du 17 mars 1880, le Tribunal de commerce repoussa ces deux exceptions et condamna P... au payement de la somme réclamée.

Appel par le sieur P..., qui, devant la Cour, opposa trois moyens : 1º Il contesta le compte ; 2º Il soutint que X..., simple intermédiaire sans qualité, n'avait pu faire valablement les opérations sans le concours d'un agent de change ; 3º Il opposa l'exception de jeu. (A ce moment, les arrêts de cassation du 28 février 1881 et de la Cour de Paris du 5 décembre 1881, qui ont frappé de nullité les opérations faites sans le concours des agents de change n'avaient pas encore été rendus : aussi le défaut de qualité fut-il seulement indiqué sans être sérieusement plaidé.)

Au contraire, le moyen tiré de l'article 1965 du Code civil fut longuement discuté ; P... soutenait que l'opération faite par le banquier n'était qu'une opération de jeu, et ce dernier répliquait que la situation du débiteur laissait supposer que l'opération n'était pas au-dessus de ses ressources.

Le 23 décembre 1880, confirmation par la Cour de Paris du jugement en Tribunal de commerce. Mais la Cour avait admis, *purement et simplement*, les motifs des premiers juges, sans statuer sur le moyen tiré du *défaut de qualité* de l'intermédiaire. Le client se pourvut en cassation : l'arrêt fut cassé et l'affaire renvoyée devant la Cour d'Amiens, qui a rendu un arrêt diamétralement opposé à celui de la Cour de Paris.

Ainsi, la même question uniquement de fait a donné lieu à deux interprétations différentes et à deux décisions contraires ; les mêmes opérations de Bourse, jugées régulières et valables par la Cour de Paris, ont été déclarées entachées de jeu par la Cour d'Amiens.

Le rapporteur de la loi avait donc bien raison de dire « qu'en donnant aux Tribunaux à examiner de semblables questions, on leur donne une mission dans l'accomplissement de laquelle il est impossible qu'ils ne commettent pas les plus graves erreurs, *on tombe dans l'arbitraire* et l'on risque de mettre obstacle à la conclusion des marchés à terme sérieux, dont la nécessité n'est plus contestée par personne. »

Ces décisions de la Cour de Paris et de la Cour d'Amiens nous ont semblé utiles à signaler en ce moment où le Parlement va être appelé à délibérer en deuxième lecture sur la loi votée le 17 mars 1883, et dont voici le texte :

« Article premier. — Tous marchés à terme sur effets publics et autres, tous marchés à livrer sur denrées ou marchandises, sont reconnus légaux.

» Nul ne peut, pour se soustraire aux obligations qui en résultent, se prévaloir de l'article 1965 du Code civil, lors même qu'elles devraient se résoudre par le payement même d'une simple différence.

» Art. 2. — Les articles 421 et 422 du Code pénal sont abrogés.

» Art. 3. — Sont abrogées les dispositions des anciens arrêts du Conseil, etc.

» Art. 4. — Les conditions d'exécution des marchés à terme par les agents de change seront fixées par le règlement d'administration publique prévu par l'article 90 du Code de commerce.

» Art. 5. — Les dispositions de l'article 419 du Code pénal sont applicables aux effets autres que les effets publics. »

Espérons que la loi sera votée par les deux assemblées le plus tôt possible. Depuis longtemps les magistrats ont reconnu que la législation actuelle est loin d'avoir atteint le but qu'on se proposait et que la sévérité professée en théorie pour le jeu devenait dans la pratique un encouragement déplorable pour le spéculateur peu scrupuleux.

Il est temps de faire disparaître cette prime à la malhonnêteté et de cesser de violer l'axiome de droit bien connu : *Nemo auditur propriam turpitudinem allegans...*

Les juges n'ont, du reste, fait que devancer l'opinion publique : tous ceux qui ont traité cette question ont constaté que la législation actuelle exerce une action profondément démoralisante.

« L'exemple que donnent les gens sans aveu, dit M. Le Couppey *(La spéculation et les reports devant la loi)*, quand ils invoquent effrontément devant les tribunaux une nullité décrétée au nom de la morale, est d'un effet désastreux sur les consciences faibles et vacillantes. Quelle tentation pour se soustraire au payement, de se dire qu'on trouvera la protection de la justice pour nier son contrat ! »

« Cette réforme, dit M. Mathieu Bodet *(Marchés à terme et jeux de Bourse)*, aura l'avantage de faire cesser une situation équivoque et de prévenir des actes d'une mauvaise foi insigne. L'exception de jeu n'empêche pas les excès de la spéculation : elle augmente au contraire le nombre des personnes qui vont à la Bourse avec l'arrière-pensée de profiter des gains et de répudier les pertes. L'obligation de payer les différences sera le meilleur châtiment. »

Nous terminerons en citant ces quelques lignes extraites du savant travail de M. Émile Berr sur cette question *(Les jeux de Bourse devant la loi)*, *Nouvelle Revue* du 15 juillet 1883 :

« L'opinion publique, en demandant aujourd'hui des réformes, ne fait que persévérer dans une voie où la jurisprudence l'avait devancée et presque toujours soutenue. »

Quand on examine notre législation boursière dans les diverses phases de son histoire, « on voit combien ont été dissemblables, contradictoires, incertains, les arguments juridiques sur lesquels la jurisprudence a essayé, d'année en année, d'étayer ses arrêts. Or, que prouvaient ces dissemblances, ces incertitudes, ces contradictions ? L'insuffisance des lois, sans doute, mais la nécessité sentie par tous d'y porter remède. La loi qui va mettre fin à ce désordre est une loi morale et juste ; souhaitons que la Chambre des députés mène à bonne fin cette entreprise et que son deuxième vote — déjà trop attendu — soit la confirmation du premier.

» L'opinion publique le réclame et l'on doit croire que le Sénat n'hésitera point à le ratifier. »

CHAPITRE II

Des Couvertures. — Remises de sommes ou de titres au porteur entre les mains des Agents de change. — Nantissement ou payement anticipé? — De la restitution des Couvertures.

On sait que, dans la pratique de la Bourse, on entend par *couverture* le dépôt d'une somme présumée suffisante pour couvrir les différences qui pourront exister au moment des liquidations.

La couverture consiste aussi dans la remise de titres au porteur dont la valeur représente approximativement le risque des opérations.

Ce sujet est un de ceux qui ont amené le plus de contestations devant les Tribunaux : aussi, croyons-nous intéressant de l'examiner brièvement. Le fait en lui-même est des plus simples : c'est l'usage adopté par les agents de change de se faire remettre des sommes ou des valeurs destinées, *dans la pensée des parties* et d'après une convention tacite, à assurer le payement de ce qui pourrait être dû dans l'avenir.

NANTISSEMENT OU PAYEMENT VOLONTAIRE?

Cette couverture est-elle une garantie, *un nantissement?* Est-elle, au contraire, un *payement anticipé et volontaire,* à compte sur le prix des négociations engagées ?

La distinction est très importante ; elle a, en droit, des conséquences singulières : c'est que, s'il y a garantie et non payement, on verra certains spéculateurs non seulement refuser de payer ce qu'ils doivent en opposant l'exception de jeu, mais même assigner les intermédiaires en restitution des sommes ou valeurs déposées entre leurs mains.

Nous avons souligné à dessein les mois *nantissement* et *payement anticipé*. Toute la question est là : des procès sans nombre se sont plaidés et se plaident encore chaque jour sur ce point délicat.

La difficulté réside dans l'application qu'il y a lieu de faire de l'article 1967 du Code civil ainsi conçu : « Dans aucun cas le perdant ne peut répéter ce qu'il a *volontairement* payé.» Nous devons également citer, pour plus de clarté, l'article 1965 : « La loi n'accorde aucune action pour une dette de jeu ou le payement d'un pari. » (Disons, en passant, que la loi actuellement en préparation décidera que cet article 1965 ne s'applique pas aux opérations sur les effets publics.)

COUVERTURE EN ARGENT

Donc, en principe, l'article 1967 refuse toute action en répétition, en matière de jeu, au perdant qui a payé d'une manière complètement spontanée et en parfaite connaissance de cause. Si la couverture se compose d'une *somme d'argent*, la question, au regard des agents de change, ne fait pas de doute : comme leur droit est de ne faire aucune négociation de titres sans exiger les fonds nécessaires aux achats, ils peuvent toujours soutenir que les espèces remises ont été versées non à titre de garantie, mais pour être employées aux opérations dont ils étaient chargés : il serait impossible, dans ce cas, d'admettre une action en répétition de ces sommes de la part du client.

Telle est la solution admise par la jurisprudence : N'y a-t-il pas, en effet, présomption qu'en déposant des capitaux chez un agent de change, le client a *entendu payer* d'avance des différences ? car il n'est pas habituel, en dehors de toute stipulation expresse, de considérer comme un simple *gage* des espèces monnayées.

Il n'est pas non plus toujours besoin d'avoir une autorisation *expresse* d'appliquer tout ou partie des couvertures au règlement des différences, il y a évidemment un mandat tacite dans le fait par le client de recevoir, sans protester, des lettres d'avis, des bordereaux périodiques où l'agent de change indique les opérations accomplies et l'application des sommes remises au solde de ce qui est dû.

COUVERTURE EN TITRES

La difficulté est plus sérieuse lorsque la couverture consiste dans le dépôt de valeurs.

M. Guillard, dans son savant traité *Des opérations de Bourse*, n'hésite pas à déclarer qu'il importe peu, à son avis, que la couverture soit en espèces ou en valeurs au porteur. D'après lui, lorsque les couvertures consistent en espèces, billets de banque, valeurs au porteur, titres nominatifs transférés, effets de commerce endossés, elles sont non seulement *une garantie* pour les agents de change, mais encore un pa ement anticipé et à compte sur les différences qui peuvent être dues.

C'est dans ce sens que la jurisprudence tend à se fixer chaque jour: mais on voit, par le nombre considérable de décisions rendues' sur cette matière, combien de contestations se sont élevées sur ce point !

Il suffirait, cependant, lorsqu'il s'agit d'une couverture en titres au porteur, pour éviter *toute discussion possible*, de justifier d'un ordre ou d'une autorisation de vente émanés du client avec déclaration que le prix sera affecté aux opérations en cours ; en général, cela est tacitement convenu entre les parties contractantes : un spéculateur, dans la pratique, remet indifféremment de l'argent ou des titres. Mais il ne faut pas oublier que, des pertes survenant, les difficultés surgissent aussitôt : le débiteur, *cela se voit quelquefois,* cherchera le moyen de se soustraire à l'obligation de payer, et reprendra même l'offensive en se prétendant créancier à son tour ! !

INSCRIPTION DES LIQUIDATIONS AU COMPTE COURANT

La couverture peut aussi ne pas consister seulement dans la remise d'une somme d'argent ou de titres au porteur.

Ainsi, il a été jugé (arrêt de cassation du 4 août 1880) que l'inscription au compte courant des liquidations de quinzaine équivalait à un payement volontaire, si cette inscription avait été approuvée par le client en pleine connaissance de cause.

COUVERTURE EN ARGENT CONVERTIE EN TITRES. — QUID?

Nous n'avons pas voulu faire de toutes les décisions rendues sur cette matière une énumération qui serait trop longue : on trouvera ces documents dans les recueils spéciaux de jurisprudence. Nous ne ferons d'exception que pour le dernier arrêt rendu par la Cour de cassation, entre le sieur A... et M. P..., agent de change ; il date du 27 novembre 1882. Dans cette affaire, la constitution de la couverture présentait cette particularité que les sommes versées entre les mains de l'agent de change avaient été ensuite converties en valeurs au porteur.

Cette modification, opérée d'un commun accord, avait-elle eu pour effet de dénaturer son caractère primitif de payement volontaire pour en faire une remise à titre de nantissement ?

L'intérêt de la question était considérable : le sieur A... avait versé 30,000 fr. transformés en valeurs par l'achat d'actions Nord de l'Espagne et de Rente 5 0/0 ; devenu débiteur de 14,000 fr. environ, l'agent de change lui déclara que faute de payement, il réaliserait les valeurs. Le sieur A... ne s'étant pas exécuté, la vente eut lieu : ces opérations ne furent pas ratifiées par le client, qui, après avoir opposé l'exception de jeu, assigna son agent en restitution des titres remis en couverture et en payement du reliquat de son compte courant.

S'il y a eu payement volontaire, l'action en répétition formée par le client devait être repoussée à cause de l'article 1967 précité : au contraire, le client était fondé dans sa revendication si les valeurs n'étaient qu'un simple dépôt à titre de garantie.

Le Tribunal de commerce et la Cour d'appel de Paris (arrêt du 16 mars 1882) ont refusé d'admettre les prétentions du sieur A...., qui a échoué également devant la Cour de cassation.

Il a été décidé que, malgré sa transformation en valeurs, la couverture versée en espèces n'avait pas perdu son caractère primitif de payement volontaire ; que les titres ainsi acquis d'un commun accord avaient été maintenus au compte courant du client et énoncés dans les règlements effectués à diverses reprises au moyen de compensations, c'est-à-dire de versements non sujets à répétition.

La Cour suprême a rejeté le pourvoi du sieur A... et a déclaré que la Cour d'appel avait fait des circonstances de la cause une appréciation souveraine qui échappait à son contrôle.

Il y a donc encore, dans ces questions, malgré la tendance générale de la jurisprudence à être favorable aux agents de change, un certain risque à courir, puisqu'il s'agit de « circonstance à apprécier » et que les opinions peuvent se modifier facilement.

Aussi rappellerons-nous que les intermédiaires prudents, pour se mettre à l'abri de réclamations ultérieures, font signer d'avance en blanc à leurs clients un ordre de vente qui assimile la remise de valeurs à une couverture en argent : ils s'évitent ainsi les risques et les ennuis d'actions judiciaires ; quant aux spéculateurs malheureux, ils ne seront pas tentés, après avoir opposé l'exception de jeu, d'avoir la prétention singulière de devenir les créanciers de ceux dont ils sont les débiteurs !

CHAPITRE III

Des exécutions avant ou après l'échéance du terme. Mise en demeure par sommation ou simple lettre. — Validité.

On peut dire de l'*exécution* en matière de Bourse ce que nous écrivions à propos des *couvertures :* c'est un des sujets qui ont amené le plus de contestations devant les tribunaux ; mais, quand on parcourt la longue liste des jugements ou arrêts rendus sur ce point entre agents de change et clients dans ces trente dernières années, il est intéressant de constater combien la jurisprudence tend chaque jour à se montrer plus large dans l'interprétation de ces questions, au grand détriment des spéculateurs.

Les clients, lorsqu'arrive la liquidation, doivent déclarer à leurs agents s'ils lèvent, livrent les effets négociés ou se font reporter.

Si l'agent ne reçoit aucune instruction, comme il est personnellement responsable de la livraison des effets ou de leur payement, il n'a qu'une ressource : c'est de revendre ou de racheter les titres achetés ou vendus, de sorte qu'il n'y ait qu'une différence à payer.

EXÉCUTION AVANT L'ÉCHÉANCE DU TERME

L'*exécution* est cette revente ou ce rachat des effets vis-à-vis de clients qui ne remplissent pas leurs engagements, ou dont la situation compromise fait craindrequ'ils puissent y satisfaire.

Quelquefois même, l'agent n'attend pas l'échéance du terme : l'exécution peut avoir lieu dans l'intervalle de deux liquidations si, de grandes variations de cours ayant lieu, la couverture fournie paraît insuffisante.

Les usages de la Bourse consacrent ce droit ; mais la légalité en a été autrefois très contestée.

On contestait d'abord aux agents de change la faculté d'exécuter les clients *même après l'échéance du terme,* par la revente des titres qui leur appartiennent.

Plus tard, la jurisprudence a varié : elle a distingué si l'exécution était demandée avant ou après l'échéance du terme.

Même après l'expiration du terme, un arrêt de cassation du 8 novembre 1854 n'admettait pas que l'agent de change, après avoir rempli le mandat qu'il avait reçu, pût, à son gré, pour se rembourser de ses avances, revendre les titres achetés en exécution de ce mandat.

TERME ÉCHU

Quelques auteurs qui ont traité cette matière font aussi cette distinction : si le *terme est échu* et que les effets ou le prix ne soient pas livrés, l'agent de change a le droit d'opérer la vente ou le rachat *sans sommation préalable :* car le client est mis en demeure par *la loi.* N'a-t-il pas dû prévoir, en effet, qu'il faudrait *en liquidation* remettre le prix ou les titres? Il est donc juste qu'il subisse les conséquences du retard.

Mais ces mêmes auteurs ne concluent plus de la même façon, si *l'échéance n'est pas arrivée.* Ils pensent que l'agent ne peut procéder sans l'autorisation de la justice : peut-être ne se sont-ils pas rendu suffisamment compte des nécessités du marché.

S'adresser à la justice, quand la moindre perte de temps peut occasionner des ruines sans nombre ! Des délais à subir pour régler la situation de valeurs dont chaque instant peut hâter la dépréciation !

On semble oublier que, pendant ce temps, la responsabilité de l'officier ministériel est en jeu.

Certes, en principe, l'agent de change n'a pas, à son gré, et avant l'échéance, la faculté de résoudre les marchés; mais, s'il survient des événements inattendus, l'agent est en droit de liquider ceux de ses clients dont la position est plus compromise : il devra avertir préalablement les intéressés d'avoir à fournir une couverture suffisante pour mettre sa responsabilité à l'abri.

Tel est le système soutenu par M. Guillard (*Traité des opérations de Bourse*) auquel se sont ralliés les tribunaux d'après leurs décisions les plus récentes.

Aux termes de l'arrêté du 27 prairial an X, dit ce savant jurisconsulte, l'agent a le droit de subordonner le concours de son ministère à la livraison *antérieure* des effets à livrer ou du prix à payer. De ce qu'il n'use pas de ce privilège dans des circonstances normales, on ne peut conclure qu'il ait renoncé à l'invoquer lorsqu'il doute de la solvabilité de son client.

Vainement on objecterait qu'il ne peut devancer le terme accordé pour l'achat ou la vente : comme mandataire légal, il est juge des précautions à prendre pour l'accomplissement de son mandat, d'autant plus que la réalisation est mise sous sa responsabilité.

Nous avons vu plus haut que la Cour de cassation avait, en 1854, contesté la légalité du droit d'exécution. Néanmoins, depuis ce temps, la Cour de Paris en a maintes fois admis la validité en s'appuyant sur des considérations d'équité (Paris, 10 mai 1856, — 24 juin 1857, — journal *le Droit*, du 25 août 1857).

Il était indispensable, en effet, dans l'intérêt général de la marche des affaires, qu'on facilitât les liquidations en permettant l'exécution de spéculateurs qui pouvaient refuser de remplir leurs engagements.

Du reste, dans la pratique, les clients ne protestent guère judiciairement contre l'exécution au point de vue légal ; les difficultés s'élèvent sur le temps plus ou moins opportun où elle a eu lieu et sur le point de savoir si le client a été prévenu ou avisé de façon à prendre des mesures pour l'empêcher.

En résumé, les questions discutées ont été celles-ci :

Est-on en droit d'exécuter?

Peut-on le faire avant ou après l'échéance du terme ?

MISE EN DEMEURE

Une mise en demeure est-elle indispensable ?

Faut-il une sommation ?

Une simple lettre adressée et reçue suffit-elle ?

Chacune de ces questions compte à son actif des décisions de justice.

On peut dire que, dans son ensemble, la jurisprudence accepte le droit d'exécution dans certaines limites avec des distinctions d'après l'époque de la réalisation et l'avis donné ou non aux intéressés.

Le 14 septembre 1881, le Tribunal de commerce de la Seine déclarait (Aff. Guttin et Delaporte) qu'une *dépêche télégraphique* ne pouvait être considérée comme une mise en demeure régulière autorisant une vente qui avait fait subir à une des parties une perte considérable.

Plus récemment, le Tribunal de commerce (voir le *Droit* du 13 avril 1882) jugeait que l'exécution faite *sans mise en demeure* ou *sans avis préalable* ne peut être contestée par le client qui, n'ayant obtenu le report de ses opérations que sous la promesse d'une couverture ou d'un règlement de compte, n'a pas accompli cet engagement.

Nous ne devons pas oublier de noter un arrêt du 9 avril 1862 déclarant valable une exécution *antérieure à la liquidation,* et non précédée d'une sommation (affaire Hébert et Roche).

Il est vrai que l'agent était autorisé en présence du non payement d'un billet souscrit et resté impayé.

On voit, en résumé, que la validité de l'exécution avant l'échéance, avec ou sans mise en demeure préalable, n'est plus qu'une question de fait laissée à l'appréciation des juges, question qui doit être résolue en tenant compte des appréhensions plus ou moins légitimes d'un agent responsable ; il est à désirer que la jurisprudence continue à se diriger dans un esprit d'équité qui garantisse, d'une façon complète, les droits des intermédiaires.

CHAPITRE IV

Des ordres de Bourse. — Cours désigné.— Délais d'exécution. — Ordres à révocation.— Usages. — Production de fiches et carnets. — Absence de précision. — Dépêche télégraphique. — Erreur de chiffre dans le télégramme. — Pas de responsabilité pour l'agent de change.

ORDRE A RÉVOCATION

Il est un fait assez curieux à noter : c'est que, malgré le nombre si considérable d'opérations qui se font journellement en Bourse, les procès concernant l'exécution ou l'interprétation des ordres donnés sont relativement assez rares ; au point de vue juridique, cette matière offre assez peu d'intérêt : les contestations de cette nature ne soulèvent guère de questions de droit, et il s'agit le plus souvent d'un fait que les tribunaux apprécient suivant les circonstances spéciales de la cause. Dans l'affaire que nous relatons, le point était de savoir, la bonne foi des parties étant absolument reconnue, si un ordre donné à un agent de change par un de ses clients était ou non un ordre à révocation ; le Tribunal de commerce et la Cour ont émis à ce sujet une opinion différente et il paraît utile d'examiner les raisons qui ont pu amener ces décisions contradictoires.

Un sieur T... avait donné verbalement, en Bourse, à M. S..., agent de change, dans les premiers jours d'avril 1881, l'ordre de vendre 15 actions de la *Banque de France* au cours de 5,000 fr., alors que ces titres étaient à un cours inférieur : l'ordre avait été exécuté le 26 avril, jour où le cours de 5,000 fr. était atteint ; mais, dans l'intervalle, le client avait fait négocier ses valeurs par le *Crédit Lyonnais* ; l'opération fut faite également le 26 avril, au cours de 5,000 fr.). L'agent de change, pour exécuter la vente, dut racheter quinze autres titres et réclama la différence, cet achat ayant été effectué à des cours plus élevés.

ORDRES DE BOURSE

Pour répondre à cette demande, le client prétendait que l'ordre donné par lui n'était valable que pour la journée et que passé ce délai, l'ordre aurait dû être annulé. Examinons un instant ce qui est admis par l'usage en fait d'ordres de Bourse. Ces ordres peuvent être donnés à un *cours limité,* ou au *cours moyen,* ou à *tout prix.*

L'ordre du sieur T... était limité en ce sens que le client n'était décidé à vendre que si les cours atteignaient un chiffre déterminé.

Si un ordre de ce genre est donné sans indication, à la Bourse par exemple, il n'est valable que pour la Bourse du jour ou pour celle du lendemain, s'il a été remis après la fermeture ; s'il est envoyé par correspondance, il vaut pour la semaine en cours, tombe le samedi et doit être renouvelé dès le lundi par le client qui entend le maintenir. Du reste, presque toutes les lettres d'avis ou imprimés de correspondance portent une mention en ce sens: les ordres au comptant sont annulés tous les samedis ; les ordres à terme sont annulés à chaque liquidation.

Enfin, l'ordre peut aussi être donné à révocation, c'est-à-dire jusqu'à ce que le client le révoque, s'il entend ne pas le laisser exécuter. La clause spéciale : « *Valable jusqu'à révocation* », est d'un usage constant dans la pratique habituelle ; si, dans le procès qui nous occupe, il avait été *établi* que tel était l'ordre donné par le client, il n'y aurait pas eu de difficulté puisque le sieur T... reconnaissait qu'il n'avait notifié aucune révocation de son ordre et que l'agent avait vendu au cours indiqué. Mais la question était précisément de savoir si, oui ou non, l'ordre donné par T... était un ordre à révocation, ce que déniait celui-ci en affirmant que, d'après lui, l'ordre n'était valable que pour le jour où il avait été donné, malgré une *fiche* produite au débat et portant ces mots : *à révocation.*

DES FICHES COMME PIÈCES JUSTIFICATIVES

Le Tribunal de commerce, après avoir entendu les parties et examiné les documents, estima que l'ordre avait été donné à révocation. Jugeant surtout d'après les usages de Bourse qui ont pour ainsi dire force de loi, il considéra sans doute, pour baser son opinion, cette fiche comme une pièce suffisante. La Cour ne fut pas de cet avis ; d'après l'avocat général, dont nous résumons les conclusions sans les approuver pour notre part, « ces *fiches* ne seraient que de simples *memento* au crayon, sans signature des parties et sans aucune authenticité ; il ne faut pas les confondre avec les bordereaux dont parle l'article 109 du Code de commerce et auxquels la loi accorde foi pour la constatation des opérations commerciales. Elles ne sont même pas, le plus souvent, écrites de la main de l'officier ministériel. Ce ne sont que des pièces d'ordre intérieur, sans valeur légale et qui ne sauraient être opposables aux tiers. » Ainsi, en cas de contestation de la part du client, c'est à l'agent qu'incombait le soin d'établir juridiquement ses prétentions, et, d'après la Cour, les preuves apportées n'étaient pas suffisantes.

Il ne faut cependant pas oublier qu'on jugeait en matière commerciale et non en matière civile où les conditions requises pour l'admission des preuves ne sont pas les mêmes. On sait qu'en matière commerciale, les juges ont une plus grande latitude, et l'inscription sur la fiche des mots « à révocation » pouvait peser d'un certain poids dans la détermination des premiers juges.

Nous trouvons dans un autre procès, dont nous allons dire un mot, un argument en faveur de cette opinion : c'est la Cour elle-même qui nous le fournit.

REFUS DE PRODUIRE UN CARNET

Il a été jugé, le 2 février dernier, par la Cour d'appel de Paris, affaire Sasle contre Milliaud (*Droit* du 20 mai 1883), que celui qui a donné en Bourse un ordre dénié par la partie adverse est en droit d'invoquer entre autres preuves le refus par ce dernier de produire le carnet sur lequel l'ordre a dû être inscrit.

« Attendu qu'il est d'usage à la Bourse de se donner réciproquement des ordres qui sont inscrits par les intéressés sur leurs carnets respectifs;

» Que M... n'a pas voulu produire son carnet, qu'il y a donc lieu de considérer l'achat comme ayant été fait. » Or, les carnets ne sont pas, plus que les fiches, des pièces authentiques dans le sens où l'entendait l'avocat général dans la cause citée plus haut; la preuve était assez délicate à faire, puisque l'une des parties niait avoir reçu l'ordre, et que le demandeur n'apportait à l'appui de son action que la mention inscrite par lui-même sur son propre carnet de Bourse.

Le Tribunal et la Cour y ont puisé néanmoins les éléments

d'une condamnation, parce qu'ils ont pensé que dans l'espèce *les usages avaient dans une certaine mesure force de loi*. Telle doit être, à notre avis, la véritable solution de cette question. On peut même ajouter que cette solution est juridique, les livres de commerce pouvant être admis par le juge pour faire preuve entre commerçants pour faits de commerce. Or, il est admis que cette disposition vise non seulement les livres exigés par la loi, mais tous les *livres auxiliaires* régulièrement tenus.

(Dalloz, *Codes annotés*, sur l'article 12 du Code de commerce.)

Dans ce second procès, les magistrats des deux juridictions s'accordent à constater que le carnet est d'un usage général à la Bourse : on peut avancer sans crainte que la fiche est d'un usage non moins général, et d'une très grande importance s'il s'élève des contestations dans le genre de celles que nous venons de rapporter.

ORDRE PAR DÉPÊCHE. — ERREUR SUR LE TÉLÉGRAMME

Les faits énoncés dans les différents jugements que nous allons citer sont assez clairs et n'ont guère besoin de commentaires. Ces contestations sur des points de fait de peu d'importance méritent néanmoins qu'on les signale.

Au mois de janvier dernier, le sieur X... donnait ordre à la *Société Générale*, à Bordeaux, de faire acheter des obligations Hongroises à 460 fr. La *Société Générale* adressa à son agent de change à Paris un télégramme portant ordre d'acheter des Hongrois à 460 fr., 460 *étant en chiffres* sur l'original de la dépêche. *Par erreur*, le télégraphe transmit : « Hongrois à 560 », et les cours ayant subi une hausse considérable, l'agent de change acheta à 500.

De là, procès en responsabilité intenté à la *Société Générale* par M. X..., qui réclamait la différence entre le prix indiqué par elle, 460 fr., et le prix d'achat, 500 fr., c'est-à-dire 40 fr. par action. Il soutenait qu'il y avait eu, de la part de la *Société Générale*, imprudence à écrire 460 en chiffres, et non en lettres, sur l'original de la dépêche; que cette imprudence constituait, à la charge du mandataire salarié, une faute des conséquences de laquelle il devait être responsable.

Le Tribunal a décidé que la *Société Générale* était exempte de faute. Il s'est fondé sur ce que la *Société Générale* avait exactement rempli son mandat en employant la voie télégraphique et en transmettant l'ordre à 460 fr., ajoutant, d'ailleurs, que M. X... ne pouvait pas reprocher à son mandataire d'avoir écrit 460 en chiffres, puisqu'il ne lui avait fait aucune recommandation à ce sujet.

M. X... a été purement et simplement débouté de sa demande.

Pourquoi, en effet, le télégraphe s'étant trompé, s'adresser à la *Société Générale* qui n'en était pas cause?

ORDRES DOIVENT ÊTRE PRÉCIS.

La Cour de Paris a aussi décidé (voir le *Droit* des 3 et 4 mai 1880) que si l'agent de change dont le ministère est forcé, doit, en principe, exécuter sans retard les ordres qui lui sont transmis, il ne peut être tenu de cette obligation qu'autant que les ordres sont formels et précis. Si ces conditions font défaut, il n'engage point sa responsabilité en s'abstenant et en demandant de nouveaux ordres.

CHAPITRE V

Des lettres d'avis. — **Bordereaux de liquidation.** — **Réception sans protestation.** — **Présomption suffisante.**

Toutes les contestations n'ont pas la même importance ni les mêmes effets. Il en est qui soulèvent des questions de principe que la Cour de cassation est appelée à trancher ; d'autres sont loin d'avoir la même gravité et ne souffrent guère un long examen. Celle qui nous occupe peut être rangée dans cette dernière catégorie. Nous ne connaissons sur cette matière que des décisions émanant des tribunaux de Grenoble et de Lyon ; leur jurisprudence, notamment celle de la Cour d'appel de Lyon, paraît fixée : nous leur emprunterons la solution qui nous intéresse.

La réception, sans réclamation ni protestation de lettres portant avis d'opérations de Bourse faites pour le compte du destinataire, est une preuve suffisante de la transmission des ordres et de la régularité de leur exécution.

M. Doerr, agent de change à Lyon, avait assigné M. Naquin en payement de 28,000 fr. environ. Le client ne remettait pas personnellement ses ordres à l'agent de change : il les lui faisait passer, par l'intermédiaire d'un sieur X..., mais était avisé par lettre de leur exécution.

Néanmoins le sieur Naquin répondit devant le Tribunal « qu'il » ne connaissait pas Doerr et ne lui avait donné aucun ordre, » qu'il avait bien trouvé parfois dans sa boîte et à son adresse

» des lettres de Doerr l'avisant de certaines opérations, mais
» qu'il n'en avait pas tenu compte, estimant que ces affaires ne
» le concernaient pas. »

Cette réponse paraît assez singulière : nous la copions *textuellement* dans le jugement du Tribunal de commerce de Lyon, qui déclara, le 16 juin 1882, que la circonstance de n'avoir pas protesté contre les lettres reçues de l'agent de change l'avisant des marchés conclus en son nom *équivalait à un acquiescement.*

Et comme le tiers qui avait servi d'intermédiaire entre le client et l'agent affirmait ce fait, prêt à en donner le serment, le Tribunal ajouta qu'en cas de dénégation des ordres d'achat la preuve pouvait également résulter de cette affirmation sous serment.

Cette décision est évidemment des plus équitables : mais, ceci nous paraît indispensable à noter, il faut auparavant admettre qu'on jugeait en matière commerciale et non en matière civile.

DES PREUVES EN MATIÈRE COMMERCIALE

En matière commerciale, les juges ont une très grande latitude : ils peuvent accepter ou rejeter, suivant les circonstances, la preuve testimoniale quelle que soit l'importance et la nature du litige ; ils peuvent aussi prendre de simples présomptions comme base de leur jugement.

Peut-être l'agent de change eût-il rencontré plus de difficultés devant la juridiction *civile ?*

Cette question de la compétence civile ou commerciale est des plus importantes, et pourra faire l'objet d'une étude spéciale. Disons seulement en passant que les opérations constituent des actes de commerce si elles sont sérieuses et forment un ensemble d'achats ou de ventes plus ou moins longtemps poursuivis. La condamnation de Naquin était donc rationnelle puisqu'on était devant le Tribunal de commerce où la preuve se fait par tous moyens, même simplement par les renseignements que le Tribunal peut se procurer sur les parties en cause. En dehors de ces renseignements, il y avait de plus, dans cette espèce, l'attitude et le silence du client à la réception des lettres de Doerr.

ENVOI DE BORDEREAUX DE LIQUIDATION

Dans une autre affaire, devant le Tribunal de Grenoble (18 août 1882), il ne s'agissait pas de lettre d'avis, mais de *bordereaux* de liquidation, reçus sans objection à la suite d'opérations à terme exécutées pour le compte du destinataire des bordereaux ; il fut également jugé qu'il y a une preuve suffisante de la transmission des ordres.

Un *arrêt* de la Cour de Lyon (20 janvier 1882) est même allé plus loin.

Il décide qu'un agent de change qui se prétend créancier d'un client, par suite d'ordres de Bourse donnés par un intermédiaire et ensuite désavoués, peut faire considérer comme présomptions les mentions de ses livres.

Peut même être regardée comme commencement de preuve par écrit la signature de transfert pour d'autres opérations faites d'ordre du même intermédiaire pour le même client.

CHAPITRE VI

Des reports d'office. — Ratification tacite.

Les clients, lorsque arrive la liquidation, doivent déclarer à leurs agents s'ils lèvent ou livrent les effets négociés, ou se font reporter.

Si l'agent ne reçoit aucune instruction, il peut exécuter, c'est-à-dire racheter ou revendre les titres achetés ou vendus, de sorte qu'il n'y ait qu'une différence à payer.

Dans la pratique, les clients ne protestent guère judiciairement contre l'exécution, au point de vue légal : les difficultés s'élèvent sur le temps plus ou moins opportun où elle a eu lieu.

Nous avons déjà examiné les différents points de savoir si on est en droit d'exécuter avant ou après l'échéance du terme, et si une mise en demeure par sommation ou simple lettre est indispensable ; dans les affaires de cette nature, la question de la validité ou de la nullité des actes est laissée à l'appréciation des juges qui examinent les faits, l'étendue du découvert, la personnalité des parties et toutes autres circonstances.

On s'est demandé également si l'agent de change peut reporter d'office son client.

M. Guillard, dont l'opinion est d'un grand poids en cette matière, admet la parfaite légalité « de ce moyen temporaire de règlement ». D'après lui, cette opération est une prorogation du délai convenu pour l'exécution, et, par suite, un acte conservatoire ; il est vrai que le droit de report n'existe dans aucun texte au profit de l'agent, et que le mot ne se trouve pas dans le vocabulaire de la loi ; mais ce silence ne suffit pas pour conclure à l'illégalité de ce procédé. L'agent doit même être prémuni contre toute action judiciaire, d'autant plus que le spéculateur, après avoir délaissé ses engagements, est au moins coupable de négligence pour n'avoir pas donné l'ordre de clore les opérations, s'il voulait se soustraire à de nouveaux risques.

Avant le krach, les Tribunaux avaient été rarement consultés sur le *droit de report* des opérations d'un client en défaut; mais ils ne lui ont pas été contraires lorsqu'ils ont été appelés à se prononcer : deux fois saisie de la question, dit le savant auteur que nous citons plus haut, la Cour de Paris l'a tranchée deux fois en faveur de l'agent de change. (Arrêts des 9 et 21 juin 1836.)

« Attendu, énonce le premier de ces arrêts, que le défaut de livraison ne peut être imputé qu'au client qui ne s'est pas mis en mesure d'acquitter son prix; qu'il ne peut s'autoriser de son propre fait pour soutenir que la vente est tombée dans le cas de résolution prévue par l'article 1610 du Code civil, puisque cet article n'est applicable qu'au cas où c'est le vendeur qui est en faute de faire la délivrance; que ce défaut de payement explique le report de l'opération; que ce report n'est en effet qu'un terme à lui accordé pour se libérer. »

Les décisions rendues plus récemment sur cette matière ont été moins explicites *en droit,* mais elles aboutissent en fait au même résultat, parce que, dans les procès engagés sur cette question, les juges se sont trouvés le plus souvent en présence de spéculateurs qui gardaient une attitude passive.

RATIFICATION TACITE DU REPORT D'OFFICE

C'est ainsi que, le 12 octobre 1882, le Tribunal de Lyon (affaire Damiron, syndic *Banque de Lyon et Loire)* déclarait que « si l'agent de change ne peut reporter un client sans ordre, ce dernier n'est pas recevable à réclamer quand il a été avisé et n'a pas protesté contre le report. »

On applique donc à ce report la jurisprudence déjà admise pour les lettres d'avis, envois de bordereaux ou de comptes. Il est, en effet, jugé aujourd'hui que la réception, sans réclamation ni protestation, d'avis d'opérations faites pour le compte du destinataire est une preuve suffisante de l'exécution des ordres et de leur régularité.

Du reste, il est intéressant de voir combien la jurisprudence tend chaque jour à se montrer plus large dans l'interprétation de ces questions, au grand détriment des spéculateurs, ainsi que le constatent les deux arrêts suivants tout récemment rendus par la Cour de cassation :

Un arrêt du *13 juin 1883* décide ceci (affaire de M. d'H...
contre M. P..., agent de change) : « L'agent de change qui, ayant
acheté des titres pour un client et ayant accepté de faire reporter
celui-ci, vend en Bourse avant l'échéance, des titres achetés, et
cela sans avertir et mettre en demeure ledit client, n'accomplit
pas un acte valable ; mais la ratification de cet acte, de la part du
client, n'a pas besoin de remplir les conditions de l'article 1338
pour la confirmation des obligations nulles, mais celles exigées
par l'article 1998 pour la ratification d'un acte accompli par le
mandataire en dehors de son mandat. »

Ce qui revient à dire, pour parler plus clairement, qu'on a jugé
qu'il y avait de la part du client acceptation tacite, et, par suite,
ratification complète.

L'article 1998 est, en effet, ainsi conçu :

« Le mandant est tenu d'exécuter les engagements contractés
par le mandataire, conformément au pouvoir qui lui a été donné.
Il n'est tenu de ce qui a pu être fait au delà qu'autant qu'il l'a
ratifié expressément ou tacitement. »

L'autre arrêt est du 21 mai 1883 ; il décide ceci :

La déclaration faite par le premier juge que chacune des opérations portées dans un compte produit par un agent contre son
client a été l'objet d'une lettre d'avis adressée à ce dernier, et
reçue par lui sans protestation, répond suffisamment aux conclusions nouvelles posées devant la Cour, et tendant à faire décider
que l'agent avait eu le tort de revendre d'office les valeurs précédemment achetées sans mettre préalablement son client en
demeure de s'exécuter, par cela seul que cette revente se trouvait
comprise au nombre des opérations dont l'agent réclamait le
solde.

Est irrecevable, comme mélangé de fait et de droit, le moyen
tiré de ce que les bordereaux n'étaient pas signés de l'agent,
lorsque le juge du fond n'a pas été mis à même de s'expliquer
sur la validité de pareils bordereaux, et s'est borné à les mentionner sans faire connaître s'ils étaient ou non signés (*Droit* des
21 et 22 mai 1883).

Eliminons, pour plus de précision, les moyens accessoires ; il
reste le fait saillant, sur lequel nous voulions fixer l'attention :
c'est-à-dire qu'il est définitivement jugé par la Cour suprême que
la réception de lettres d'avis sans protestation équivaut à un
acquiescement aux opérations, et qu'il doit en être de même des
reports d'office.

CHAPITRE VII

Opérations de Bourse. — Femme mariée. — Défaut d'autorisation maritale. — Nullité. — Restitution de la couverture.

Il n'est pas rare de voir des femmes initiées par une longue expérience aux spéculations les plus compliquées ; sans nous demander s'il est vrai qu'en affaires les femmes, ainsi que l'a dit certain philosophe, n'ont pas « l'honnêteté courante » qu'on trouve généralement chez les hommes, nous voulons dire un mot des difficultés qui peuvent s'élever entre ces financiers d'un nouveau genre et les intermédiaires chargés de leurs opérations. Il y a notamment quelque intérêt à examiner, au point de vue juridique, la situation particulière des femmes mariées qui spéculent, soit avec l'autorisation de leur mari, soit à l'insu de celui-ci ou avec sa tolérance muette.

Quel est le droit des femmes mariées dans les négociations de Bourse ? Il faut nécessairement distinguer d'abord les femmes séparées de biens de celles qui se trouvent placées sous un autre régime.

En thèse générale, la séparation de biens par contrat ou prononcée en justice donne à la femme l'entière administration de ses biens (art. 1449) et la libre disposition de son mobilier ; en ce qui concerne les opérations de Bourse, dont nous nous occupons principalement, la femme séparée de biens a une liberté complète pour l'emploi de ses revenus, le placement de ses capitaux ; mais il n'en est plus ainsi quand il s'agit de spéculations sur les variations des cours des effets publics, de marchés se résolvant par des payements de différences ; ce ne sont plus là les aliénations auxquelles s'étend la capacité de la femme séparée de biens ; ce sont des entreprises qu'elle ne peut tenter qu'avec le consentement de son mari (articles 217 et 218 du Code civil) et l'intermédiaire courrait de gros risques qui, même dans ce cas de séparation de biens, n'agirait pas avec la plus grande prudence.

La situation de la femme mariée sous un autre régime est plus simple : elle ne peut faire *aucune* opération sans autorisation de son mari ; par suite, les négociations qu'elle réaliserait à son insu seraient nulles. Cette nullité est même demandée par le mari et la femme tout ensemble...

Jamais, bien entendu, si les spéculations ont été heureuses. Toutefois, l'autorisation expresse du mari n'est pas indispensable ; elle peut être suppléée par la connaissance avouée ou prouvée qu'il aurait cue des actes de sa femme sans protester contre ses agissements ; l'acquiescement tacite résultera parfois du fait de l'encaissement des bénéfices, de remises d'argent pour solder des différences, de toutes sortes de circonstances laissées à l'appréciation du juge.

La question en principe ne fait pas de doute ; nous nous bornerons donc à signaler quelques décisions pour fixer un instant, sur cette matière, l'attention des intéressés.

OPÉRATIONS FAITES PAR LE CRÉDIT DE FRANCE

Une dame N... avait fait des opérations de Bourse avec le *Crédit de France sans être pourvue de l'autorisation de son mari.* La Cour de Lyon (17 février 1883) décida que la Société de crédit ne pouvait, pour ce motif, lui réclamer, non plus qu'à son mari, le montant des différences.

En admettant, dit l'arrêt, qu'une autorisation maritale puisse, en présence de l'article 223, donner à la femme, d'une manière générale et absolue, le droit de faire toutes opérations de Bourse, une telle autorisation ne peut être invoquée par une Société de crédit pour demander contre une femme mariée le payement des différences, alors que ladite autorisation résulterait d'une procuration *en brevet* donnée par le mari et remise à *une autre Société* à une date postérieure à celle des opérations litigieuses.

En admettant encore que l'autorisation puisse résulter tacitement de ce que le mari aurait eu connaissance des actes de sa femme et n'aurait élevé aucune protestation, cette autorisation tacite ne saurait être admise lorsqu'il est établi que le mari n'a pas concouru, même par sa présence, auxdites opérations, et que les comptes de liquidation, ainsi que les avis d'exécution, ont toujours été adressés exclusivement à la femme.

AUCUNE FAUTE DE LA PART DES AGENTS DE LA SUCCURSALE DU CRÉDIT DE FRANCE

Le *Crédit de France* avait soutenu, en outre, que la faute provenait des agents de la succursale en province, par l'entreprise de laquelle les ordres avaient été transmis ; il avait mis ces agents personnellement en cause, mais la Cour a repoussé cette action dans les termes suivants :

« Considérant que D..., directeur de la succursale, envoyait chaque soir à Paris, au siège social, le compte rendu des opérations, dans lequel il portait, par détails, toutes les affaires de la journée ; que la femme N... y était indiquée sous le nom de Mme N... et non sous celui de veuve ou de demoiselleN... ; que son adresse, ses opérations et les titres déposés en couverture étaient également indiqués ; que le *Crédit de France* n'a pas pu ignorer que l'on traitait à Saint-Etienne avec une femme mariée ; qu'il n'a fait à ce sujet aucune observation ;

« Que, postérieurement à la retraite du directeur de la succursale, le *Crédit de France* continuait ses opérations avec la dame N... et recevait d'elle de nouveaux nantissements ;

» Qu'il ne saurait donc, à aucun titre, rendre D... responsable d'une faute qu'il aurait, dans tous les cas, partagée et couverte de son adhésion... »

La Société de crédit, ayant pu se renseigner sur la *capacité réelle* de sa cliente, fut donc considérée comme ayant assumé la responsabilité des opérations.

Cet arrêt constitue une décision d'espèce et s'appuie sur des considérations de fait. Un point important s'en dégage : en principe, la femme mariée ne peut se livrer à des opérations de Bourse sans avoir été spécialement autorisée par son mari.

A quelles conditions est subordonnée la validité de cette autorisation? Cette autorisation peut être expresse ou tacite ; mais quelle que soit la forme sous laquelle se manifeste l'autorisation maritale, elle n'est efficace qu'à la condition d'être spéciale, c'est-à-dire d'être donnée séparément pour chaque acte juridique que la femme se propose d'accomplir.

Ainsi, le principe d'une autorisation maritale formelle ou tacite une fois admis pour la légalité des négociations de la femme (réserve faite des droits qu'elle pourrait avoir comme séparée de biens relativement à leur administration), il faut une autorisation spéciale pour vendre , acheter et spéculer à la Bourse. En effet, aux termes de l'article 223 du Code civil, « toute autorisation générale même stipulée par contrat de mariage, n'est valable que quant à l'administration des biens de la femme ; » pour les actes d'aliénation une autorisation spéciale est nécessaire.

Une décision du Tribunal de commerce le déclare aussi formellement. (Jugement du 3 août 1882, affaire T... contre dame L...)

RESTITUTION DE LA COUVERTURE

Sont nulles les opérations de Bourse faites pour le compte d'une femme mariée sous le régime de la communauté légale et non autorisée de son mari.

En conséquence, le banquier intermédiaire non seulement ne

peut point réclamer les payements, mais il *doit restituer au mari*
les valeurs déposées par sa femme à titre de couverture.

On voit avec quel soin le juge doit examiner le point de savoir
s'il y a ou non autorisation tacite : il serait trop injuste, en effet,
qu'un mari, après avoir laissé en apparence sa femme maîtresse
de ses actes, pût, quand la chance a mal tourné, venir réclamer
au nom de son pouvoir marital méconnu. S'il y avait eu des gains,
peut-être ne les aurait-il pas repoussés avec indignation, il ne
doit donc pas pouvoir se soustraire aux conséquences d'une association de fait, qui, quoique dissimulée, n'en existe pas moins.

Il ne s'agit même pas toujours de spéculation ; voici, par
exemple, un procès portant sur un achat d'actions fait par une
dame séparée contractuellement : Mme N... avait acheté 96 actions
des *Verreries Françaises* à une maison de banque qui en avait
souscrit 100. Cette Banque, assignée en versement du deuxième
quart, se pourvut contre Mme N... et demanda que celle-ci four-
nît le deuxième quart sur les 96 actions achetées par elle. La
cliente opposa la nullité de cette acquisition en prétendant que,
quoique mariée sous le régime de la séparation de biens, aux
termes de son contrat, elle ne pouvait néanmoins, sans l'assen-
timent de son mari, aliéner ses biens propres.

La Cour de Douai (arrêt du 15 mai 1882) considéra que la
cession des 96 actions faite à Mme N... par la *Banque Industrielle*,
sans le consentement de son mari, engageant un capital de
40,000 fr., était une aliénation de biens meubles et ne pouvait
être considérée comme un acte de simple administration ; que
Mme N... excipait à bon droit de la nullité de la cession à elle
faite.

La *Banque Industrielle* dut donc verser, sans recours contre sa
cessionnaire, le montant du deuxième quart.

ACHAT DE VALEURS AU PORTEUR A UNE FEMME MARIÉE

Disons, en terminant, un mot des valeurs au porteur : On sait
que la femme mariée ne peut vendre des titres de cette nature
sans l'autorisation de son mari. Celui qui achète à une femme
mariée sans exiger la preuve du consentement marital peut être
soumis à une revendication de la part du mari. En cas de cession
par voie de négociation, l'intermédiaire serait déclaré responsable, s'il était établi qu'il n'a pu ignorer que la venderesse était
sous puissance de mari. Les tribunaux doivent alors rechercher
avec soin s'il n'y a pas eu concert frauduleux entre le mari et la
femme dans le but de pouvoir revendiquer des titres après en
avoir touché le prix.

Il est, dès lors, important de n'accepter la cession de valeurs appartenant à une femme qu'après s'être assuré qu'elle n'est pas mariée. Les justifications sont parfois fournies d'une manière inexacte : ainsi, une femme mariée en secondes noces peut exciper de la qualité de veuve et justifier de cette qualité pour vendre des valeurs mobilières : il a été jugé que, dans ce cas, l'intermédiaire ayant exécuté des ordres de bonne foi ne saurait être déclaré responsable vis-à-vis du second mari des conséquences de la vente.

Au reste, les hypothèses dans lesquelles peuvent se produire ces difficultés sont variables à l'infini ; la soustraction et la vente de valeurs de la communauté, l'usage de procurations fausses ou altérées, les allégations mensongères aux intermédiaires font l'objet de fréquents débats : il y a, avant tout, dans les affaires de cette nature, une question de fait dont la solution se rattache forcément aux circonstances et varie avec les causes soumises à la justice. Nous avons cru utile de signaler quelques-unes de ces contestations à ceux que cette matière intéresse.

CHAPITRE VIII

Opérations de Bourse par l'intermédiaire d'un correspondant. — Faillite de celui-ci. — Réclamation du mandant ou client contre l'agent de change mandataire substitué. (Art. 1994 C. c.)

Lorsque survient la déconfiture ou la faillite des tiers qui servent d'intermédiaires entre les agents et les clients, cet état de choses fait naître des difficultés d'une nature spéciale que nous examinerons brièvement ; la question que nous sommes amenés par les circonstances à traiter n'est pas nouvelle, et la jurisprudence est fixée depuis longtemps ; nous croyons néanmoins utile de la rappeler pour éviter des contestations ou des procès dont le résultat n'est pas douteux.

On sait que, dans la pratique, la majeure partie des négociations se fait par les agents de change qui en sont chargés par des changeurs, banquiers, ou quelquefois même par certains agents des départements.

Les ordres sont exécutés pour les correspondants avec lesquels les agents sont le plus souvent en compte courant.

Ainsi, trois personnes se trouvent en cause : le client, le mandataire de celui-ci et l'agent de change, mandataire substitué.

Si le correspondant tombe en déconfiture ou disparaît sans

avoir payé au client les sommes provenant, par exemple, de la vente de titres au porteur, ce client peut-il s'adresser directement à l'agent de change? En aucune façon, et l'on verra plus loin à l'appui de cette assertion des décisions judiciaires qui ne laissent aucun doute sur cette question.

Nous connaissons l'objection de principe qu'on oppose à cette manière de voir.

ARTICLE 1994 DU CODE CIVIL

On prétend que l'agent de change, en acceptant les ordres qu'il a reçus de son correspondant, mandataire du client vendeur, est substitué à ce mandataire, et que dès lors le mandant peut agir contre lui aux termes de l'article 1994 du Code civil, paragraphe 2, ainsi conçu : « Dans tous les cas, le mandant peut agir directement contre la personne que le mandataire s'est substituée. »

Résumons la réponse qu'y fait M. Buchère (*Traité des valeurs mobilières*) :

On ne saurait, dit le savant jurisconsulte, trancher ce point d'une manière absolue. Généralement, il existe un compte courant entre l'agent et ses correspondants de province; l'agent peut opposer ce compte au mandant et se prétendre libéré au moyen des compensations qui en résultent.

Rien n'a indiqué à l'agent que les titres au porteur qu'il avait reçu l'ordre de vendre devaient être négociés pour un tiers.

« N'a-t-il pu supposer que les valeurs qui lui étaient transmises appartenaient à son correspondant, surtout si les circonstances établissent qu'il était à découvert avec ce dernier, et qu'il avait réclamé l'envoi de titres ou de fonds pour se couvrir de ses avances? » On peut en conclure que, les ordres venant directement du correspondant, ce n'est pas une substitution de mandat que l'agent a pu accepter.

On se demande, en effet, comment un tiers, dans ce cas, pourrait adresser une réclamation à un agent auquel il n'aurait pas donné d'ordres. Il ne peut, à notre avis, exercer de recours que contre l'intermédiaire auquel il a donné sa confiance.

Voici, à l'appui de cette question importante en pratique, et qui nous paraît définitivement tranchée, le résumé de quelques décisions judiciaires :

Le 7 décembre 1859, la Cour de Lyon avait à juger une difficulté de cette nature entre M. Magnin, agent de change à Lyon, et un client, le sieur Paillon, qui avait pour mandataire un sieur Brunet, disparu en pleine déconfiture.

L'agent, après avoir exécuté ponctuellement les ordres reçus, avait transmis au sieur Brunet un compte courant dans lequel la somme provenant de la vente de titres figurait à l'actif, mais se trouvait balancée par le résultat de différents achats .

Paillon critiquait ce compte, mais il fut jugé :

1° Qu'il n'apportait pas la preuve que l'agent connaissait le véritable propriétaire des titres vendus ;

2° Que Magnin avait à régler avec *Brunet seul*, son correspondant, le compte des opérations auxquelles il avait été procédé pour le compte de celui-ci ;

3° Que le mode de règlement adopté par Magnin dans son compte était inattaquable ; qu'en effet celui-ci, recevant de Brunet l'ordre de vendre et d'acheter, devait croire que Brunet entendait qu'il payât les titres achetés avec le montant des valeurs vendues, etc., etc., etc.

Il a été également jugé par la Cour de Paris, le 1er février 1860, que l'agent de change qui a reçu d'un banquier l'ordre direct d'acheter des valeurs pour un des clients de ce banquier (nommé, mais non autrement indiqué dans l'ordre d'achat), ne peut, en cas de faillite du banquier auquel les fonds ont été versés, être actionné par le client en délivrance des titres acquis, à moins que le client n'en offre de payer le prix.

Citons, pour terminer, un arrêt de la Cour de cassation du 23 février 1874 (V. Sirey, 1875, 1-363), dont les termes sont absolument formels : « La personne substituée au mandataire qui a ignoré l'existence du mandant peut opposer à l'action directe de ce dernier l'exception résultant de la compensation entre elle et le mandataire primitif. »

Spécialement l'agent de change qui a reçu pour les vendre, d'un intermédiaire, depuis tombé en faillite, des titres au porteur, peut opposer à la revendication exercée par le propriétaire des titres la compensation en compte courant opérée entre lui et l'intermédiaire. Telle est cette question qui, sans comporter de grands développements, a de *très graves* conséquences au point de vue pratique : c'est aux intéressés qu'il appartient de tirer la conclusion des quelques observations que nous venons de présenter, puisqu'ils ne peuvent s'en prendre qu'à eux-mêmes s'ils ont mal placé leur confiance.

PROCÈS AVEC LES SYNDICS DE FAILLITE OU LIQUIDATEURS

L'examen que nous venons de faire portait sur les revendications *faites par les clients ;* nous voudrions dire un mot, maintenant, de procès engagés avec les syndics de faillite ou liquidateurs et mentionner les circonstances dans lesquelles les affaires de cette nature peuvent se présenter devant les tribunaux.

Un banquier de province, par exemple, après avoir reçu mandat d'acheter à la Bourse de Paris des obligations, vient à être déclaré en faillite ; si l'agent de change chargé de l'exécution du mandat n'a pas encore renvoyé les titres qui, du reste, sont payés, le mandant est fondé à actionner en remise de ces titres l'agent de change et le syndic de la faillite : ce dernier ne peut prétendre que les obligations font partie de l'actif et appartiennent à la masse.

Il a été jugé notamment que les créanciers d'un failli n'ont aucun droit sur les valeurs qui se trouvent accidentellement à titre de mandat ou de dépôt en la possession du failli ou en celle de ses mandataires ; les tiers propriétaires de ces valeurs peuvent les revendiquer contre la faillite, à la double condition de justifier de leur propriété et de l'*identité* de l'objet réclamé.

DE L'IDENTITÉ DES TITRES

La propriété de titres au porteur achetés au *nom d'un banquier* depuis tombé en faillite, mais pour *le compte* de ses clients, est *valablement transférée* à ceux-ci par la remise que leur en fait l'agent de change dès qu'il n'existe aucun doute sur l'*identité* des titres. (Aff. Hébert, syndic Longé. Cassation, 6 décembre 1880.)

Nous soulignons à dessein le mot *identité* : c'est que la preuve de l'identité a une importance capitale dans les affaires de ce genre, et il n'est pas toujours facile, dans la pratique, d'établir que les valeurs revendiquées correspondent bien à celles retrouvées dans le portefeuille du failli ; aussi les tribunaux ont-ils été fréquemment appelés à intervenir pour trancher ces questions.

Les titres au porteur sont individualisés par leurs numéros, mais il est douteux qu'on puisse, dans certains cas, indiquer exactement les numéros qu'on revendique. Imaginons, par exemple, l'espèce suivante : Un client remet en dépôt à son notaire des titres au porteur ; ce dernier, au lieu de conserver les valeurs dans sa caisse, les envoie à son agent de change, avec l'ordre de faire des reports.

Survient la disparition du notaire... (c'est une simple hypothèse) après que plusieurs liquidations se sont passées. Le report étant, on le sait, une vente au comptant et en même temps un achat à terme, il est dû, à l'échéance, des titres de même nature, mais non les mêmes numéros.

Comment le client du notaire pourrait-il prouver l'identité de ses titres pour les revendiquer? De plus, il n'a aucun lien de droit avec l'agent de change *qui ne le connait pas;* il n'a plus, pour toute ressource, qu'à produire pour arriver à la distribution au marc le franc s'il y a un actif à partager.

Mais , en supposant la même espèce , qu'adviendra-t-il à l'échéance du terme, à l'égard de l'agent de change dans ses rapports avec le liquidateur de l'office du notaire ?

Ce dernier pourra-t-il sommer l'agent de change de livrer au moment de la liquidation, les valeurs reportées et offrir de payer en monnaie de faillite? Nous ne le pensons pas.

Nous croyons que l'opération, dans ces circonstances, devient un véritable achat à découvert et que l'agent a un droit de gage sur les titres; qu'il peut donc les retenir jusqu'au paiement intégral du prix.

Un des auteurs les plus compétents en matière de Bourse, M. Mollot (*Bourse de Commerce*, n° 183, 3e édition), dit formellement que, lorsque le client n'opère pas la remise des fonds, l'agent qui a levé et payé les effets achetés est fondé à les faire revendre aux frais, risques et périls de ce dernier pour s'en appliquer le prix en déduction de ses avances. Cet auteur ajoute « que » l'agent n'a même pas besoin de mettre son client en demeure » de prendre livraison, puisqu'un délai de cinq jours est fixé par » les règlements pour les négociations. »

Cette opinion est aussi celle de la Cour de cassation qui, le 13 juillet 1859 (affaire Sévelinge, V. Dalloz, 1859, 1, 102), rendait la décision suivante :

« L'agent de change a droit au remboursement des avances qu'il a faites pour le compte de ses clients dans les opérations dont il est chargé, bien qu'il lui soit interdit de faire ces avances, et qu'il doive, avant d'agir, exiger de ses commettants la remise des sommes nécessaires à l'exécution des marchés traités par lui.

» En conséquence, l'agent qui a acheté des valeurs pour le compte d'un client qui ne lui en a pas payé le prix, a, contre ce dernier, après revente des mêmes valeurs, moyennant une somme inférieure au prix d'achat, une action en remboursement de la différence. »

Pour citer une décision plus rapprochée de nous, nous noterons un jugement du Tribunal de commerce de Lyon, du 28 août 1882, qui s'explique ainsi sur le droit de rétention : « L'agent, dit-il, n'a le droit de rétention sur les titres demeurés entre ses mains qu'autant qu'il les a achetés et pour sûreté de prix de ces titres. » Seulement, il résultait de l'examen des faits spéciaux à ce procès que l'achat avait été déjà réglé au moyen de chèques et que l'agent ne pouvait plus exercer sur les titres détenus le privilège que la loi accorde au commissionnaire.

« En effet, un commissionnaire ou un agent de change ne
» peut se prétendre impayé de ses avances anciennes, à raison
» d'une situation nouvelle, quand, depuis ses avances, il a été
» réglé par appoint. »

Le liquidateur de la maison de banque Perraud assignait J...,
agent de change à Lyon, en restitution de 500 Alpines laissées
dans les caisses de J... au cours de la liquidation du 30 novembre
1881, faisant offre de l'admettre au passif de la liquidation.

L'agent répondait que la dépréciation des cours des valeurs
dont Perraud était acheteur avait rendu celui-ci débiteur d'une
très forte somme ; qu'il était en droit de considérer les titres
remis comme une garantie des risques à courir et il demandait
reconventionnellement à revendre les 500 Alpines, le produit devant être affecté au payement de la créance.

Il résulta des documents que J... avait été couvert par des sommes encaissées à la liquidation du 30 novembre 1881.

L'agent de change perdit son procès sur une question d'*indivisibilité de compte courant* que nous n'avons pas à examiner en ce
moment.

Mais, ce que nous voulons retenir de ces débats, au point de
vue du gage, c'est que le Tribunal a suivi la règle tracée par l'arrêt de cassation du 13 juillet 1859.

Mentionnons enfin, pour terminer, un arrêt de la Cour de
Bourges du 5 février 1883 où ont été résumés plusieurs points très
importants de la *grave* question que nous étudions.

Un sieur G..., banquier à Bourges, avait quitté son domicile le
14 février 1882 et avait été déclaré en faillite le 20, avec report au
1er février de la date de cessation de ses paiements. Il était en relation d'affaires depuis très longtemps avec M. R..., agent de change
à Paris. Lors de sa fuite, il était débiteur en compte courant de
près de 85,000 fr. L'agent de change avait par devers lui gardé un
certain nombre des valeurs achetées d'ordre de G... au comptant
et à découvert. Il avait exécuté G... et le syndic de la faillite demandait la restitution de ces titres. D'un autre côté, certains tiers
se prétendant propriétaires des valeurs, intervenaient dans l'instance et les revendiquaient.

G... faisait aussi des opérations à terme ; mais comme il ne put
lever les titres achetés à la liquidation de février, l'agent les leva
et les revendit pour se couvrir jusqu'à due concurrence. Le syndic
soutenait que toutes les opérations sur les valeurs à terme étaient
illicites comme constituant des opérations de jeu.

La Cour repoussa ses prétentions. Elle déclara que l'agent de change en compte courant avec un correspondant a le droit, pour se couvrir de ses avances, provenant des achats au comptant qu'il a faits à découvert, de vendre, après sommation, les valeurs qu'il détient et qui forment son gage.

Peu importe que son correspondant soit en fuite lors de la sommation, et que le jugement déclaratif de faillite du correspondant ait fait remonter la date de la cessation des paiements à une époque antérieure à l'exécution du correspondant.

Quant aux tiers intervenants, qui se prétendent propriétaires des valeurs vendues par l'agent de change, ils ne peuvent être autorisés à les revendiquer contre lui, que si les circonstances de la cause démontrent que l'agent a dû *nécessairement* savoir qu'elles n'étaient pas la propriété du correspondant, ce qui arrive en cas de valeurs nominatives, ou de valeurs envoyées en renouvellement de coupons.

Nous signalons cet arrêt, des *plus importants* qui tranche précisément quelques-uns des points qu'il nous a paru intéressant d'examiner.

Il nous faut, pour compléter l'étude de cette matière, parler d'une décision rendue le 22 mai 1883, par le Tribunal du Mans.

Si le correspondant tombe en faillite sans avoir payé au client des sommes provenant, par exemple, de la vente des titres, le client peut-il s'adresser directement à l'agent de change ? Ce dernier peut-il, au contraire, compenser le produit de la vente avec les sommes qui lui sont dues par l'intermédiaire ?

On répond généralement que, d'après l'article 1994, le mandant peut agir directement contre la personne que le mandataire s'est substituée.

ACHAT DE TITRES NOMINATIFS

Il faut distinguer, d'abord, entre les titres nominatifs et les titres au porteur : pour ces derniers, rien n'indique à l'agent que l'opération doit être faite pour le compte d'un tiers : il n'y a donc pas de difficultés, et l'agent peut porter en compte le produit de la vente ; mais, même à l'égard des valeurs nominatives, la règle est loin d'être absolue, et nous citons à l'appui de notre dire la décision rendue dans les circonstances suivantes :

M. M..., agent de change à Paris, se trouvant en relations habituelles avec M. C..., banquier au Mans, reçut de lui l'ordre d'acheter diverses valeurs au comptant. Ayant exécuté ces ordres, M. M... a débité le compte courant du montant des prix d'achats, et l'a crédité des sommes versées par M. C...

Ce dernier a été déclaré en faillite, et est resté débiteur d'un solde de compte assez important.

Dans cette situation, divers clients de M. C..., acheteurs d'actions de la *Banque de France*, ont actionné l'agent de change en remise des titres achetés par eux par l'intermédiaire de C... et payés à ce dernier.

Ils prétendaient que, comme il s'agissait de *titres nominatifs* (des actions de la *Banque de France*), l'agent de change avait été prévenu, deux jours après les achats, des noms des véritables acheteurs ; qu'il avait reçu sans protestation ces avis ; qu'il se trouvait donc, d'après l'article 1994, obligé directement envers les mandants originaires.

D'autre part, le correspondant, se joignant à l'action de ses clients, assignait en garantie l'agent, en soutenant que ce dernier avait à tort retenu, puis revendu en Bourse les titres en question ; que cette exécution avait été illégale et abusive ; que l'agent, au moment des achats, était suffisamment couvert et qu'enfin, il fallait distinguer dans le compte courant entre les opérations au comptant et les opérations à terme. L'agent de change répondit qu'au moment de l'exécution du mandat, il n'avait pas été informé par le banquier des noms des véritables acheteurs ; que, plus tard, avisé d'avoir à inscrire les titres à leurs noms, il n'avait pas fait ce transfert ; qu'en conséquence, les réclamants n'avaient pas d'action directe contre lui.

INDIVISIBILITÉ DU COMPTE COURANT

M. M... soutenait de plus que le compte courant était indivisible et ne pouvait être scindé, et que ce compte étant débiteur d'un solde important, il avait eu le droit de retenir et de revendre les titres en question restés impayés.

Le tribunal lui donna gain de cause.

Trois solutions principales et fort intéressantes se dégagent de cette décision :

En premier lieu, il est reconnu qu'il n'y a pas lieu à l'application de l'article 1994 du Code civil de la part des clients du banquier intermédiaire à l'encontre de l'agent de change, lorsque ce dernier *n'a pas connu* au moment des opérations effectuées par lui le nom des clients pour le compte desquels le banquier avait agi : en conséquence, les clients de ce banquier n'ont pas d'action directe contre l'agent de change, qui est fondé à leur opposer les compensations résultant du mouvement du compte courant ouvert chez lui au banquier ;

2° Le tribunal admet que le banquier, faisant habituellement des opérations de Bourse de toute nature avec un agent, ne peut distinguer les articles de son compte courant relatifs aux opérations au comptant et aux opérations à terme;

3° Enfin, il est jugé que l'agent non payé des titres achetés par lui à découvert a le droit de les retenir et même de les revendre en Bourse, à défaut par le banquier acheteur d'en effectuer le payement.

La Cour d'Angers a confirmé ce jugement le 8 août 1883; son arrêt est très long : comme il ne donne aucun aperçu nouveau sur les principes du droit et ne fait qu'énumérer en détail les circonstances spéciales du procès, nous nous bornerons à le signaler.

CHAPITRE IX

Demandes en nullité d'achats pour retards dans la livraison des titres.

La crise financière qui a éclaté au commencement de l'année 1882 a amené une dépréciation soudaine des actions de certaines Sociétés de crédit : aussi quelques acheteurs, qui n'avaient pas encore reçu livraison de leurs titres, ont-ils tenté d'échapper à la perte que leur occasionnait la baisse imprévue de leurs valeurs.

Ne sachant à qui s'en prendre, c'est contre leurs mandataires qu'ils ont dirigé leurs efforts en demandant l'*annulation des achats et la restitution des sommes versées*.

Disons de suite que les tribunaux ont refusé d'accueillir des réclamations aussi mal fondées, d'après nous, en fait qu'en droit; quoique cette question ne se prête guère à un long examen, nous jugeons utile d'en dire un mot, puisque des contestations judiciaires s'engagent journellement sur ce point entre les clients et leurs intermédiaires, agents de change ou banquiers.

Nous ne prétendons pas que des retards n'aient eu lieu effectivement dans ces livraisons de titres nominatifs, et que ces faits ne puissent même quelquefois donner lieu à des dommages-intérêts; mais il est impossible d'en faire découler comme conséquence la nullité du contrat absolument régulier et valable; souvent par la faute même des Sociétés, les formalités de transfert sont assez longues.

On sait, en effet, lorsqu'il s'agit d'opérations concernant des titres nominatifs, qu'aucun changement ne peut être apporté sur les registres sans la volonté du titulaire ou de ceux qui le représentent. Cette volonté est constatée au moyen de l'acte de transfert dont la forme varie suivant le titre auquel il s'applique.

Lorsque toutes les justifications ont été produites et qu'elles ont été reconnues suffisantes, le transfert a lieu par les soins des employés de la Compagnie au moyen de l'inscription des noms du nouveau titulaire sur les livres de la Société.

Soit en raison d'un service incomplètement organisé, soit par suite d'un nombre considérable de négociations sur une valeur, un acheteur a parfois attendu ses titres un mois ou deux.

Mais, dans la pratique, l'acheteur a plusieurs moyens de parer à ces inconvénients : il peut réclamer l'exécution du marché par l'intermédiaire de son agent de change qui fera procéder à des rachats ou reventes officiels, ou bien il a le droit de faire revendre ses titres avant d'en avoir reçu livraison, par le mandataire qui les lui a rachetés.

C'est ainsi que cela se passe généralement : du reste, en temps ordinaire, le client prendra aisément patience si les cours se maintiennent et surtout s'ils tendent à s'élever.

Mais qu'il survienne subitement un effondrement des cours, comme cela a eu lieu dans l'espèce qui nous occupe, qu'on nous pardonne le mot : « que les titres aient cessé de plaire », les acheteurs n'hésitent pas à réclamer en justice la restitution des sommes par eux versées, en faisant annuler le marché.

La jurisprudence, jusqu'à ce jour, leur a été défavorable, et il ne pouvait en être autrement : il suffit, en effet, pour trancher la question, de lire l'article 1583 du Code civil ainsi conçu : « La vente est parfaite entre les parties, et la propriété est acquise de droit à l'acheteur dès qu'on est convenu de la chose et du prix, quoique l'objet n'ait pas encore été livré ni le prix payé. »

Comme on le voit, ce texte est des plus précis et ne laisse place à aucune interprétation ambiguë.

« La vente est *parfaite* », c'est-à-dire parachevée; en conséquence, pas de résiliation possible du contrat. C'est ce qu'a décidé le 23 juin 1882 le Tribunal de commerce de la Seine, dans un procès entre un acheteur et le *Crédit Lyonnais*.

Le demandeur soutenait que le retard apporté par le *Crédit Lyonnais* dans la livraison d'une action de l'*Union Générale* lui avait causé un grand préjudice en ce qu'il n'avait pu profiter des avantages attribués aux actionnaires nouveaux dans la souscription à l'*Union Nouvelle;* il ajoutait qu'il s'était trouvé de plus dans l'impossibilité de vendre le titre avant que la dépréciation des titres ne fût complète.

Le Tribunal, sur l'offre faite par le *Crédit Lyonnais* de remettre la valeur litigieuse, a rejeté la demande de l'acheteur qui concluait à la résiliation du marché.

La question ainsi posée ne pourra jamais, *en droit,* être résolue autrement.

Cependant, qu'on n'aille pas au delà de notre pensée : nous ne voulons pas dire que l'intermédiaire ne pourra jamais être rendu responsable des conséquences d'un retard apporté à une livraison. Mais si ce fait entraîne une condamnation à des dommages-intérêts, il ne saurait avoir comme conséquence l'annulation d'un marché.

Le procès se borne alors à l'examen de faits à apprécier suivant les circonstances : il y aura lieu de rechercher si un préjudice a été subi, et dans quelle mesure le mandataire, s'il est jugé responsable, doit le réparer.

Pour ne citer qu'un exemple, supposons qu'un client, voulant profiter des chances d'un tirage, ait donné l'ordre à son agent de change de lui acheter des valeurs remboursables avec primes ou lots ; l'opération doit être réalisée sans délai : le propriétaire ne peut, en effet, avoir l'espoir d'un gain quelconque que s'il a les titres en main, ou connaît les numéros ;

Ou bien, quelquefois l'acheteur, n'étant pas muni des valeurs, n'aura pas pu jouir des avantages attribués à un actionnaire ancien dans une souscription nouvelle.

Ce sont là des faits spéciaux laissés à l'appréciation des tribunaux.

En supposant, en effet, qu'une faute quelconque puisse être reprochée au mandataire, de son côté, l'acheteur n'a-t-il pas été négligent ou imprudent ?

Ne pouvait-il pas, avant même de les avoir reçus, ainsi que nous l'avons dit plus haut, faire vendre les titres par l'intermédiaire de l'agent de change ou du banquier qui les lui avait achetés ?

C'est une pratique constante du marché, connue même de ceux qui ne sont pas initiés aux affaires de Bourse.

Néanmoins, un jugement du tribunal de commerce de Moulins, du 4 juillet 1882, condamnait un banquier à restituer à un sieur T... une certaine somme, par suite de la non-livraison des valeurs achetées.

Nous y notons ce considérant au passage : Attendu que si T... avait eu les titres, il aurait pu les vendre.

Le tribunal n'a pas *annulé* la vente, mais il a condamné le banquier à des dommages-intérêts représentant à peu près le cours moyen des actions pendant le mois de décembre 1881, parce que normalement T... devait pendant ce mois être mis en possession de ses titres. (Il s'agissait d'actions de la *Banque Lyon et Loire.*)

Le 30 août 1882, la Cour d'appel de Riom a infirmé ce jugement :

Attendu, dit-elle, qu'il n'est pas justifié que T... eût revendu ses actions au moment où elles avaient atteint la hausse qui s'est produite, pour être suivie peu après d'un effondrement complet...

C'est sur ces mots que nous terminerons ces quelques observations : ils contiennent à notre avis la moralité des procès de cette nature soulevés par les clients contre leurs intermédiaires.

Les acheteurs n'ont pas vendu, non parce qu'ils n'avaient pas les titres, mais parce que, non satisfaits peut-être d'un bénéfice déjà réalisable, ils attendaient une hausse plus importante ; et si des procès doivent encore s'élever à ce sujet, nous avons lieu d'espérer que les tribunaux maintiendront la jurisprudence déjà adoptée qui nous paraît aussi équitable que juridique.

Nous trouvons dans la *Gazette des Tribunaux* du 24 octobre 1883 un arrêt de la Cour de Lyon du 7 juin 1883, qui confirme cette opinion. Il énonce ceci :

« L'acheteur de titres nominatifs ne peut les laisser pour compte du vendeur pour cause de retard dans la livraison, qu'autant qu'il peut prouver :

» 1º Que le vendeur aurait commis une faute ou négligence d'où résulte ce retard ;

» 2º Qu'il en éprouve une perte réelle et sérieuse qui ne puisse être attribuée à aucune cause. »

L'arrêt est très long : nous ne citerons que ces deux paragraphes :

« Attendu qu'il est certain que B... (le client acheteur) *n'a pas cherché à revendre* ces actions ;

» Que, d'autre part, il est certain qu'à partir de la fin de janvier 1882, les actions de la *Banque Lyon et Loire*, n'ayant plus aucune valeur, ne pouvaient plus être négociées à la Bourse, car elles exposaient le propriétaire au versement complémentaire de 375 fr. »

Tel est l'avis que nous avons eu l'occasion d'exprimer : on peut revendre des titres achetés sans en avoir pris livraison chez l'intermédiaire ; aussi ce motif que le défaut de titres empêche la vente doit-il être repoussé.

Dans l'espèce dont nous venons de parler, le manque de titres ne pouvait être un obstacle à la vente, puisque la Cour a constaté que le client n'avait même pas l'intention de revendre. Les juges ont fait une appréciation très nette des principes en refusant la restitution du prix d'achat des 25 actions *Banque Lyon et Loire* au sieur B..., qui prétendait ne devoir aucune somme, sous prétexte que les titres lui avaient été livrés tardivement et que le retard lui avait été préjudiciable.

Le client peut donc revendre; mais si, ensuite, il ne peut livrer, et qu'il soit forcé d'acheter à un plus haut cours, il sera évidemment en droit de réclamer la différence du prix à son vendeur originaire à titre de dommages-intérêts.

Les offres tardives de livrer ne peuvent être admises quand elles n'éteignent pas le dommage éprouvé. (Arrêt du 2 février 1883, 3e chambre de la Cour de Paris; affaire Sasle-Milliaud.)

De plus, l'acheteur ne peut prétendre laisser les actions nominatives pour compte de l'intermédiaire pour retard de livraison quand ce retard est fortuit, spécialement quand il résulte de la faillite de la Société survenue dans le délai que ses statuts fixaient pour effectuer le transfert. (Arrêt de la Cour de Lyon du 15 mai 1883; affaire du *Crédit de France* c. du Puy.)

Un arrêt de la Cour de Chambéry, du 25 mai 1883, écarte également la prétention d'un client qui demandait la nullité d'un achat sous prétexte de livraison tardive :

« Attendu, dit la Cour, qu'un retard de ce genre pourrait avoir pour effet de donner ouverture à des dommages-intérêts si un préjudice certain en était résulté, mais non point d'annuler l'opération; que, dans l'espèce, E... ne saurait même arguer de ce préjudice en disant qu'il n'a pu revendre en temps utile des titres tardivement parvenus en sa possession, puisqu'il pouvait revendre ces valeurs à son gré sur le récépissé dont il était porteur. »

On sait, en effet, et les tribunaux l'ont reconnu maintes fois, que l'on peut toujours revendre des titres achetés sans en avoir reçu livraison : aussi ce motif que le défaut de titres empêche la vente est-il repoussé le plus souvent.

Ainsi que nous l'avons déjà dit, en traitant cette question de la demande en nullité d'achat pour cause de retard dans les livraisons, les acheteurs n'ont pas vendu, non parce qu'ils *n'avaient pas les titres*, mais parce que, attendant des cours favorables, ils espéraient des bénéfices qu'ils n'ont pu réaliser; il faut se féliciter que, sur ce point, la Cour de Chambéry ait maintenu une jurisprudence déjà adoptée, à notre connaissance, par le Tribunal de la Seine, par celui de Moulins et par la Cour de Riom.

CHAPITRE X

Intermédiaires sans qualité. — Article 76 du Code de commerce. — Nullité des opérations. — Preuve à la charge des intermédiaires. — Valeurs cotées ou non cotées. — De la couverture remise aux coulissiers. — Vente directe par un banquier de titres qu'il a en portefeuille.

Dans les contestations soumises aux tribunaux à la suite de la crise financière de 1882, il est peu de questions qui aient occasionné, dans un temps relativement court, autant de décisions contradictoires que celles dont nous allons nous occuper.

On s'en rendra facilement compte en jetant les yeux sur le tableau ci-dessous où nous avons mentionné les jugements ou arrêts que nous avons pu relever sur cette matière.

On sait que, d'après une récente jurisprudence, les opérations de Bourse faites sur les valeurs susceptibles d'être cotées par des intermédiaires autres que les agents de change sont déclarées nulles et de nul effet.

Un arrêt de cassation du 28 février 1881 décide « qu'en cas de contravention à l'article 76 du Code de commerce qui attribue aux seuls agents de change le droit de faire les négociations des effets publics et autres susceptibles d'être cotés, il y a lieu de déclarer encore en vigueur l'article 13 de l'arrêt du conseil du 26 novembre 1881, la loi du 28 ventôse an IX, et de l'arrêté du 27 prairial an X, qui prononcent d'une manière absolue la nullité de l'opération elle-même.

En conséquence, un banquier coulissier n'a pas d'action contre un client à raison des opérations de Bourse qu'il a faites pour le compte de celui-ci.

A la suite de cette importante décision, on s'est demandé si l'*intermédiaire*, courtier ou banquier, qui réclame l'exécution du contrat, est *tenu de justifier* que les opérations ont eu lieu par l'entremise d'un agent de change, ou si c'est *au client* à établir qu'elles n'ont pas eu lieu en cette forme.

Ainsi, lorsque le banquier chargé d'exécuter un ordre vient réclamer au client le payement des différences résultant de l'accomplissement de son mandat, si l'achat n'a pas été fait au parquet, il y a eu contravention à la loi, à l'article 76 du Code de commerce, et, par suite, nullité de l'opération.

C'est un fait désormais acquis ; mais, lorsque le débiteur, pour se soustraire au payement, oppose cette nullité, *est-ce à lui à la prouver, est-ce au contraire à l'intermédiaire ?*

Voici le résumé des décisions rendues sur cette question :

La preuve doit être à la charge :

Du client qui oppose l'exception de nullité :

1° 4e chambre de la Cour de Paris, arrêt du 10 mars 1882, affaire Jobert et Dekker ;

2o 4e chambre de la Cour de Paris, arrêt du 1er avril 1882, affaire Dréolle c. Petin-Cellot ;

3° 4e chambre de la Cour de Paris, arrêt du 22 juin 1882, affaire Coste c. Grundstat ;

4° 2e chambre, Cour d'appel de Paris, arrêt du 10 juillet 1882, affaire Mayer c. Wolf-Vegrin ;

5° Tribunal de commerce de la Seine, 2 septembre 1882, affaire Cahen c. Alloe ;

6° Tribunal de commerce, 16 septembre 1882, affaire Gilibert c. Corret ;

7° Tribunal de commerce, 8 novembre 1882, affaire Fouquet.

De l'intermédiaire qui demande ce qui lui est dû en vertu du mandat qu'il a exécuté :

1° Cour de cassation, 23 novembre 1881, admission d'un pourvoi contre un arrêt qui avait mis la preuve à la charge du débiteur ;

2° Tribunal de commerce de la Seine, 22 décembre 1881, affaire Saunier ;

3° 5e chambre de la Cour de Paris, arrêt du 16 juin 1882, affaire Mourel c. Rofhé ;

4° Tribunal de commerce, 2 août, affaire Stern c. Neumann ;

5° 1re chambre, Cour d'appel de Paris, 21 novembre 1882, affaire Bresson ;

6° Tribunal civil de la Seine, 30 novembre 1882, affaire Mathé.

Ainsi qu'on le voit, il y avait conflit sur cette question entre la 4e et la 5e chambre de la Cour de Paris. Déjà, dès le 23 novembre 1881, la Cour de cassation avait déclaré que l'arrêt qui met à la charge du prétendu débiteur la preuve de l'irrégularité viole les articles 76 du Code de commerce, etc., etc. Depuis, un nouvel arrêt de la Cour de cassation, du 29 mai 1883, a tranché définitivement la question en décidant que c'est le banquier, et non le client, qui doit fournir la preuve de l'accomplissement des ordres par l'intermédiaire d'un agent de change. (*Droit* du 8 septembre 1883, affaire Rophé.)

En présence de ces termes formels, il y a lieu de s'étonner qu'il y ait eu tant de contradictions entre les différentes juridictions ; mais la jurisprudence nous paraît fixée désormais, et, à notre avis, dans un sens absolument juridique.

Résumons donc brièvement les traits principaux de cette discussion : Quels sont les arguments de ceux qui prétendent que la charge de la preuve doit incomber au client ?

Ils prétendent que le fait, en présence d'une demande de payement, d'opposer la nullité tirée de l'article 76 constitue une véritable exception dont la preuve, *conformément au droit commun*, est à la charge de celui qui l'oppose. En conséquence, tant que le client ne prouve pas que les opérations ont été irrégulièrement accomplies, c'est-à-dire sans l'intermédiaire d'un agent de change, ces opérations sont considérées comme régulières.

C'est à celui qui allègue une faute commise à faire la preuve de l'existence de cette faute. Pourquoi donc, ajoutent les défenseurs de ce système, les spéculateurs malheureux pourraient-ils, après avoir le plus souvent, mais en vain, opposé l'exception de jeu, se retrancher derrière les dispositions de l'article 76 pour faire annuler les opérations, sans avoir d'autre preuve à fournir que leur seule déclaration?

Ces raisons, évidemment, sont assez sérieuses; ce qui le prouve, d'ailleurs, c'est la persistance qu'ont mise certains magistrats dans leur manière de voir.

Certes, en thèse générale, c'est à la partie qui oppose l'exception à faire la preuve de son droit à l'invoquer.

Mais nous ne ferons que cette courte réponse, ne voulant pas entamer ici une question de *procédure*.

Il y a défense *sur le fond* même du débat de la part du débiteur qui nie l'accomplissement du mandat tel que les lois l'admettent avec le seul concours des agents de change. Or, c'est à l'intermédiaire à établir qu'il a rempli son mandat conformément à la loi, ce qui lui sera facile, si cela est, puisqu'il n'aura qu'à produire un bordereau d'agent de change.

La 1re chambre l'a énoncé formellement :

« Aux termes de l'article 1993 du Code civil, le mandataire doit rendre compte de sa gestion. Il en résulte qu'en matière d'opérations de Bourse, c'est à l'intermédiaire qu'il échet de justifier, notamment par bordereau d'agent de change, de l'accomplissement de son mandat. »

Nous croyons, en un mot, que la preuve de l'*existence* des négociations ne se sépare pas de la preuve de la *régularité* de ces mêmes opérations.

Nous savons bien qu'en pratique le système que nous adoptons aura des résultats favorables pour une catégorie de débiteurs parfois peu dignes d'intérêt; il n'en faut pas moins que la loi soit respectée; imposer au client la charge d'une preuve le plus souvent impossible à faire c'est lui faire perdre son procès; or, donner gain de cause à l'intermédiaire sans qualité, c'est admettre implicitement que des opérations peuvent être faites en violation de la loi.

La preuve de la régularité de négociations opérées par un banquier ainsi mise à la charge de ce dernier, disons un mot des justifications à fournir pour la régularité du marché.

La représentation des bordereaux d'agents de change est assurément la preuve la plus absolue, mais elle n'est pas unique; elle peut encore résulter soit de la correspondance et de la concordance des dates des ordres et de l'exécution, soit de l'examen des comptes de liquidation.

Les ordres sont donnés verbalement ou par écrit; dans ce dernier cas, il ne saurait y avoir de difficulté sérieuse en vue de contestations sur l'exécution; mais les dénégations des ordres verbaux obligent à recourir aux divers modes de preuve établis par la loi, moins rigoureuse, on le sait, en matière commerciale qu'en matière civile. Ainsi, il est généralement admis que la réception sans protestation par le client, de lettres d'avis ou de relevés de comptes suffit pour constater que les opérations ont eu lieu conformément aux instructions reçues.

La preuve des ordres de report peut également, d'après nous, résulter de l'envoi de bordereaux de liquidation sans protestation de la part du reporté.

Chacun de ces différents points que nous résumons en quelques lignes a fait l'objet de *nombreuses* discussions devant les tribunaux : depuis la crise de janvier 1882, il ne se passe pour ainsi dire pas de jour où la jurisprudence ne s'enrichisse d'une solution nouvelle, et on verra peut-être traiter un jour la question de l'influence du krach au point de vue judiciaire — ce ne sont pas les documents qui manqueront!

VALEURS COTÉES OU NON COTÉES

Les nombreux procès auxquels a donné lieu la crise financière ont eu pour effet de fixer définitivement certains points de jurisprudence, et notamment celui-ci : Par un arrêt du 28 février 1881, bien souvent cité depuis, la Cour de cassation a reconnu que les agents de change ayant, d'après l'article 76 du Code de commerce, le droit exclusif de faire les négociations sur les effets publics et autres susceptibles d'être cotés, toute opération faite par un coulissier au comptant ou à terme, sans l'intermédiaire de l'agent, *est frappée de nullité.* Le coulissier ne peut réclamer au client ni différences ni courtage.

Sur le principe même, il n'y a plus de discussion possible; mais de sérieuses controverses existent encore sur les conséquences de cette décision : nous les examinerons brièvement.

VALEURS NON COTÉES

Peut-on dire, par exemple, lorsqu'il s'agit de *valeurs non cotées*, que la négociation est nulle si elle est faite par d'autres intermédiaires que les agents de change?

Quel est donc le sens des mots : *effets susceptibles d'être cotés*, employés par l'article 76 du Code de commerce?

La question a donné lieu à de longs débats qui ne sont pas encore terminés, et les opinions sur ce point sont des plus contradictoires : il semble cependant résulter de l'arrêt de cassation du 28 février 1881, que la Cour entendait « étendre le privilège à tous **les effets publics**, cotés ou non, c'est-à-dire à toutes valeurs qui, à la différence des effets **privés**, s'offrent au public, et, comme telles, aspirent à la cote des agents de change. »

Il existe des jugements déclarant que l'article 76 ne s'applique qu'aux valeurs inscrites à la cote; mais c'est, à notre avis, interpréter inexactement les dispositions de la loi.

Certes, il est difficile d'admettre que le législateur du Code de commerce ait pu prévoir et régler la situation actuelle de la Bourse, et l'on semble donner à l'article 76 une extension qu'il ne comporte pas ; mais la loi est formelle et les juges ne peuvent faire autrement que l'appliquer.

Aussi a-t-il été maintes fois jugé que le privilège accordé aux agents de change s'applique sans distinction ni réserve aux valeurs admises ou non à la cote officielle, et que les opérations de Bourse portant sur les valeurs non cotées ne peuvent être faites, à peine de nullité, que par l'intermédiaire des agents de change; en effet, la non-inscription à la cote ne modifie pas la nature des titres; elle peut n'être que temporaire, et l'article 76 tranche toute incertitude sur ce point en se servant des mots : « *susceptibles d'être cotés;* » il est donc difficile de prétendre que le monopole est restreint aux titres portés sur la cote de la Bourse.

VALEURS NON ENCORE ÉMISES

Une controverse existe également s'il s'agit de valeurs *non encore émises.*

Un arrêt de la Cour de Paris du 13 novembre 1882 (affaire Deneri-Bourgeois) décide que le privilège s'étend même à ces valeurs, tandis qu'un autre arrêt du 31 janvier 1882 (affaire Gruber c. Richy-Mallon) déclare que les dispositions de l'article 76 ne sont pas applicables lorsque les opérations faites par des coulissiers ont porté sur des actions non encore émises au moment de l'ordre d'achat.

On voit que les décisions les plus importantes rendues sur cette matière n'ont guère jeté de lumière sur la question, et qu'au milieu de ces avis contradictoires on arrive difficilement à dégager quelques principes généraux pouvant servir de règles pratiques.

Il ne faut pas néanmoins pousser jusqu'à l'extrème les conséquences de certains jugements. Ainsi, le fait par un coulissier de mettre en rapport son client avec un agent de change qui opère la négociation pour le compte de ce dernier ne tombe pas sous l'application de l'article 76. Il est impossible de voir dans cette intervention l'acte d'un intermédiaire entre le vendeur et l'acheteur; le coulissier n'agit dans ce cas que comme mandataire du client dont il se borne à transmettre les ordres à l'officier public chargé de les exécuter.

Nous n'émettons pas là une opinion basée sur une simple hypothèse; ce point a été l'objet d'une action en justice de la part d'un spéculateur; nous nous bornons à signaler le résultat de ce singulier procès.

DE LA RESTITUTION DE LA COUVERTURE

Enfin, on s'est demandé si le joueur qui remet ou laisse une couverture entre les mains d'un banquier-coulissier peut exercer une action en répétition.

Un arrêt de la Cour de Paris du 5 décembre 1881, après avoir prononcé la nullité des opérations, repousse en même temps l'action en répétition intentée par le client, à l'aide de la fin de non-recevoir tirée de l'article 1967 qui refuse au perdant tout droit de réclamer ce qu'il a volontairement payé.

On peut aussi examiner cette question sous un autre point de vue.

Ainsi une autre décision (arrêt du 1er février 1882, Cour de Paris) rejette une demande reconventionnelle en dommages-intérêts formée par un client, mais en se fondant uniquement sur la nullité radicale et absolue des opérations, cette nullité constituant un *obstacle à toute action engagée* contre l'intermédiaire sans qualité.

On comprend, en effet, qu'un acte nul n'ait pu engendrer une cause de dommages-intérêts. Mais la condamnation la plus rigoureuse, nous la trouvons dans un arrêt de Toulouse du 2 août 1882, qui décide ceci : « Le spéculateur qui a acheté des valeurs de Bourse, par l'entremise d'un agent sans qualité, a droit de répéter ce qu'il a payé en vertu d'un marché nul. » La Cour applique de la façon la plus stricte le système en vertu duquel la nullité résultant de la violation de l'article 76 est considérée comme une nullité d'ordre public.

Nous citons textuellement la partie du dispositif qui nous intéresse :

« Il importe de maintenir dans sa salutaire rigueur la sanc-
» tion écrite dans l'article 76; les effets de cette nullité
» sont réglés dans la loi civile, dans les articles 1131, 1235, 1376
» du Code civil, qui disposent qu'une convention illicite ne peut
» produire aucun effet, ce qui implique qu'elle n'engendre ni obli-
» gation civile, ni obligation naturelle; la somme promise en vertu
» d'une pareille convention ne peut être exigée et le payement
» qui a été fait est sujet à répétition; la stipulation doit dispa-
» raître avec tous les effets qu'elle a produits et les parties doivent
» être replacées dans la situation où elles étaient avant la conven-
» tion; cette convention produirait un effet, si ce qui a été payé
» en exécution de cette convention ne pouvait être répété. Il y a
» un intérêt social à ce que le prix d'un acte illicite ne reste pas
» dans les mains de son auteur et que la menace de la restitution
» pèse sur ceux qui ont pris part à un délit ou à une convention
» illicite. »

Ainsi donc, si la jurisprudence se fixait dans ce sens, et cela nous semble la sanction possible des arrêts de cassation cités plus haut, ce serait pour le spéculateur la faculté non seulement de refuser de payer les différences à l'intermédiaire sans qualité, mais le droit de se faire rendre les sommes versées.

Nous ne faisons que constater le fait : aux intéressés à en tirer une conclusion quelconque suivant l'ordre d'idées où ils se placent.

Les décisions que nous signalons plus loin confirment le système adopté par la Cour de Toulouse. Nous devons les citer pour compléter notre examen sur cette matière.

Un jugement rendu le 19 octobre 1883 par le Tribunal de commerce de la Seine (affaire V... contre B... et L...) décide que le coulissier dont les opérations ont été annulées pour violation de l'article 76 du Code de commerce, doit restituer à son client les titres et les espèces que celui-ci lui a remis en couverture.

Le coulissier, dans ce cas, n'est pas recevable à invoquer le bénéfice de l'article 1967 du Code civil ainsi conçu : « Dans aucun cas, le perdant ne peut répéter ce qu'il a volontairement payé, à moins qu'il n'y ait eu de la part du gagnant dol, supercherie ou escroquerie. »

Le banquier soutenait qu'aux termes de cet article, le client n'avait aucune action en justice pour la répétition de payements volontairement effectués ; mais le tribunal jugea que les opérations étant nulles, aucune somme n'avait pu être valablement portée au débit du client, et que, de plus, par suite de cette nullité, le banquier ne pouvait opposer l'article 1967.

Cette opinion est également celle de la Cour de Lyon, qui décida, le 29 novembre dernier (affaire Frery contre le Crédit Provincial), que l'article 76 a pour sanction la nullité absolue des opérations et que le client a le droit, en laissant pour compte les opérations irrégulières, de répéter la couverture.

La conclusion à tirer est celle-ci : c'est qu'il peut y avoir paiement valablement fait à l'intermédiaire officiel et non au coulissier. Il résulte, en effet, de plusieurs arrêts de Paris, que le client qui a remis à son *agent de change* une couverture appliquée au paiement des différences, par voie de compte courant ou de compensation, ne peut plus soulever le moyen du jeu (art. 1967), tandis que la loi n'admet rien de semblable dans les relations du client et de l'intermédiaire irrégulier. Ces questions ne sont pas absolument nouvelles : bien avant le krach, elles avaient été l'objet de débats judiciaires ; ainsi un arrêt de Limoges (12 décembre 1868) statue en ces termes : « Si une somme d'argent a été remise à un *banquier* qui s'est chargé d'opérations de Bourse pour le compte de ses clients, le banquier doit, pour conserver les couvertures versées entre ses mains, justifier par la production de bordereaux d'agents de change de la régularité des opérations qu'il allègue. »

Nous avons examiné plus haut le point de savoir si le privilège accordé aux agents de change s'appliquait sans distinction ni réserve aux valeurs admises ou non à la cote officielle ; nous pensions que l'article 76 tranchait toute incertitude en se servant des mots *susceptibles d'être cotés*.

D'après nous, il résultait de l'ensemble des décisions rendues que le monopole comprenait même la négociation des valeurs non cotées, mais susceptibles d'être cotées.

Le jugement suivant décide, contrairement à cette jurisprudence, que le monopole ne s'étend pas à la négociation des valeurs non admises à la cote ; il est à désirer qu'il intervienne sur cette intéressante question des décisions dont l'autorité mette fin à toute controverse.

Le 12 décembre dernier (affaire Perraud-Blanc), le tribunal de commerce a jugé que le monopole ne comprend pas les valeurs non admises à la cote officielle et dites en banque.

Le dispositif est trop long pour que nous le citions ; il reproduit du reste les arguments déjà connus qu'invoquent ceux qui prétendent que l'article 76 ne doit pas être interprété dans un sens trop absolu.

Nous ferons seulement remarquer que, dans l'espèce, il s'agissait d'actions de *Rio-Tinto, émises à 250 fr.*, et, par conséquent, non susceptibles d'être cotées à cause du décret du 22 mai 1858 et du 6 février 1880, ainsi conçu : « Les actions de Sociétés étrangères admises à la cote ne peuvent être de moins de 100 fr., lorsque le capital des entreprises n'excède pas 200,000 fr., ni de moins de 500 francs si le capital est supérieur à 200,000 fr. »

Vue sous cet aspect, la cause n'offrait plus de difficultés, et sans engager la question de principe, le tribunal aurait pu décider, dans le sens où il l'a fait, mais pour d'autres motifs.

Le point n'était pas de savoir si les actions Rio, non admises à la cote, rentrent ou ne rentrent pas dans le monopole des agents de change, mais si elles sont ou non « susceptibles d'être cotées. » En somme, malgré une jurisprudence importante en faveur du système contraire, ce jugement établit de nouveau une controverse qui soulèvera encore de longs débats. Tous ces jugements et arrêts que nous examinons, montrent qu'on a grand'peine à retrouver sa voie au milieu de cet amas confus de décisions contradictoires, et à dégager quelques principes généraux pouvant servir de règles pratiques.

Au sujet de la couverture, un procès des plus importants s'est élevé à ce sujet entre M. T..., agent de change, et son client, M. D..., et a attiré, d'une façon toute spéciale, l'attention du monde financier, parce qu'il s'agissait d'actions nouvelles de l'*Union générale* et que c'était, croyons-nous, la première affaire qu'amenait devant la justice la faillite de cette Société.

Nous ne relaterons pas dans tous leurs détails les faits de l'instance : on les trouvera dans les feuilles judiciaires, et notamment, dans le *Droit* des 16 mars et 20 août 1882 où figure le texte *in extenso* du jugement et de l'arrêt qui tient plusieurs colonnes de ce journal.

Nous voulons seulement mettre en évidence la question de principe tranchée par l'arrêt de la cour de Paris du 14 août 1882 et fixer les points saillants du débat.

En quelques mots, voici comment les faits se présentaient : M. T..., agent de change à Paris, avait acheté les 13 et 15 décembre 1881, pour le compte de M. D..., son client, à l'émission, cent actions nouvelles de la Société l'*Union générale*, sans exiger soit le prix des actions, soit une couverture.

Les liquidations des 15 et 31 décembre 1881 et 15 janvier 1882 avaient été réglées sans que T... retînt aucune somme pour se couvrir des opérations restées en suspens jusqu'au jour de l'émission des titres nouveaux de l'*Union générale*.

Survint la faillite de cette Société. D... se trouvait alors créancier de son agent de change d'une somme de 230,000 fr. environ qu'il réclama, et que ce dernier entendait retenir à titre de garantie de l'achat des cent actions nouvelles.

Une grave question venait en effet se poser : les acheteurs des actions nouvelles se verraient-ils obligés de prendre livraison de titres désormais sans valeur, ou bien la nullité de l'émission serait-elle prononcée? Depuis, l'émission a été annulée par un jugement du tribunal de commerce du 15 mai 1882; mais la question était encore pendante devant la Cour.

Conformément à l'usage, puisqu'il s'agissait de valeurs non cotées, l'agent de change T... avait eu recours à l'intermédiaire d'un banquier qui lui avait vendu les actions : il crut qu'il pouvait, puisqu'il avait négligé de réclamer à son client le versement préalable des fonds, invoquer à son profit les règles du mandat et retenir cette somme de 230,000 francs dont D... exigeait le payement.

Les juges en première instance condamnèrent l'agent de change à solder à son client son compte créditeur.

Voici, en résumé, sur quels principes du droit se basait cette décision, que la Cour d'appel, disons-le de suite, ne crut pas devoir confirmer :

Le Tribunal, interprétant l'article 76 du Code de commerce, avait décidé que les agents de change ont le droit exclusif de faire les négociations des effets publics et autres susceptibles d'être cotés, cette disposition ne comportant aucune distinction ni réserve.

En conséquence, *toutes* les opérations des agents de change sont, d'après ce système, réputées faites par eux en leur qualité *d'officiers ministériels :* il suffira alors que les titres sur lesquels ils auront opéré, bien que non cotés à la Bourse, soient de nature à pouvoir l'être, pour que les règles relatives à la profession leur soient opposables sans qu'ils puissent invoquer les *principes ordinaires du mandat.*

Nous devons dire, en effet, pour être aussi clair que possible, que M. T..., pour résister à la demande de son client et justifier la rétention des 230,000 fr., soutenait qu'il avait agi avec deux *qualités distinctes,* comme officier ministériel et comme mandataire, pour les actions nouvelles non cotées et achetées en banque.

Or, l'interprétation donnée par les juges à l'article 76 amenait fatalement une solution défavorable à l'agent de change, et voici pourquoi :

S'il était décidé que T... ne pouvait avoir agi que comme *agent de change*, il avait le droit et le *devoir*, aux termes de l'article 13 de l'arrêté du 27 prairial an X, d'exiger d'avance de son client les sommes nécessaires pour payer les actions et il n'avait pas la faculté, *après coup*, même lorsqu'il s'agissait de valeurs « en banque » de se constituer une couverture de sa propre autorité par la rétention de fonds qui se trouvaient entre ses mains.

Il n'était pas fondé en conséquence à soutenir qu'il avait agi dans ses relations avec son client, en la double qualité *d'officier ministériel* et de *mandataire*, et les règles particulières de sa profession, c'est-à-dire celles de l'arrêté de prairial précité lui étaient applicables.

T... fut donc condamné à payer les 230,000 francs réclamés par le client. Mais la Cour d'appel, ainsi que nous l'avons dit, n'a pas adopté cette opinion, et a fait, à notre avis, une plus juste interprétation des principes du droit et notamment de l'article 76 du Code de commerce.

Nous résumerons, sans le citer textuellement, l'arrêt rendu le 14 août 1882.

Il a été déclaré, en principe, que l'agent de change conservait, dans l'exercice de ses fonctions, la plénitude *des droits du mandataire*, et qu'il n'était nullement destitué de la faculté de réclamer après coup à son mandant le remboursement des avances par lui faites.

La Cour, ainsi qu'on le voit, n'a pas attribué à l'article 76 et à l'arrêté du 27 prairial an X les conséquences rigoureuses qu'y avait attachées le Tribunal de première instance.

Elle a décidé que l'obligation de se faire remettre les effets à vendre ou les sommes nécessaires aux achats n'était pas imposée aux agents d'une manière *absolue;* qu'ils étaient seulement responsables personnellement de la livraison ou du payement des titres vendus ou achetés.

Enfin, et c'est le point capital à noter, elle a jugé que lorsque l'agent de change a fait une opération sans couverture ou nantissement, ses rapports avec son client étaient régis par les règles ordinaires du mandat.

Et si, en principe, le mandataire qui a opéré dans ces conditions ne peut réclamer que le remboursement de ses avances ou frais, il en est autrement si les engagements personnels contractés pour le mandant se trouvent changés *et aggravés par des circonstances imprévues :* dans l'espèce, la faillite de la Société.

T... vit donc accueillir par la Cour le système qui avait été repoussé en première instance. Il fut autorisé à conserver comme garantie de son obligation personnelle les sommes qu'il pouvait devoir à son client; en effet, par suite des événements graves, le payement du prix des actions n'était plus garanti par la remise de titres devenus sans valeur.

Il faut se féliciter que les jurisconsultes de la Cour d'appel aient adopté une opinion plus en rapport avec le mouvement actuel des affaires, sans s'arrêter au *texte même* du Code et d'un arrêté datant de l'an X.

Cet arrêt fixe la jurisprudence sur un point des plus importants, surtout en ce moment où les contestations de ce genre deviennent de plus en plus nombreuses.]

VALEURS NON COTÉES

La distinction entre les valeurs cotées négociées sur le marché officiel et les valeurs en banque a donné naissance à des difficultés sur lesquelles la jurisprudence a été appelée à se prononcer à plusieurs reprises. Les titres non cotés donnent lieu à de nombreuses transactions et doivent être l'objet de négociations régulières. Il a été jugé le 2 novembre 1882, par le tribunal de commerce de la Seine (affaire Tollin contre Sossa), que l'article 76 du Code de commerce ne constitue pas un obstacle à ces négociations, puisqu'il entre dans les attributions des agents de négocier également les valeurs susceptibles d'être admises à la cote officielle.

L'AGENT DE CHANGE PEUT LES NÉGOCIER

Un agent ayant été chargé d'un certain nombre d'opérations de Bourse qui avaient pour objet, en partie, de titres non cotés, il a été décidé que les opérations ainsi faites, dans cette dernière catégorie de valeurs, étaient valables : c'est une sage interprétation de la loi, parce que l'article 76, par la généralité de ses termes, embrasse toutes les valeurs cotées ou susceptibles de l'être.

On peut rapprocher de cette décision un autre jugement du tribunal de commerce du 4 mai 1881 (affaire Moireau contre Peyle) : il n'y avait pas d'agent de change en cause : il s'agissait d'un client débiteur ou prétendu débiteur, qui opposait à un banquier la nullité des opérations faites pour son compte. Pour repousser cette exception de nullité, tirée de l'article 76 du Code de commerce, le banquier demandeur soutenait que ces actions qu'il avait été chargé de vendre n'étaient pas admises à la cote officielle ; en d'autres termes, qu'elles n'étaient pas négociées en Bourse, et que le fait de se procurer chez les banquiers ces sortes de titres, démontrait que l'article 76 ne doit pas s'appliquer aux valeurs non cotées.

Le tribunal n'admit pas ce système pour les motifs suivants, que nous citons textuellement :

« Attendu, dit-il, que l'article 76 stipule au profit des agents de change seuls, le droit de faire les négociations des effets publics et autres, susceptibles d'être cotés ; que si les actions de la *Banque européenne* ne sont pas cotées, on ne saurait soutenir qu'elles ne sont pas susceptibles de l'être... »

Cette opinion est aussi celle que la Cour d'appel de Paris a eu l'occasion de formuler dans un procès important entre MM. Bourgeois et Deneri. (Arrêt du 13 novembre 1882.)

Les termes de cet arrêt sont également utiles à connaître : ils sont très clairs et jettent une vive lumière sur cette délicate question ; comme dans l'affaire citée plus haut, il s'agissait d'actions de la *Banque européenne* négociées par un banquier qui réclamait le solde des opérations.

La Cour rejeta sa demande : « Considérant, dit-elle, qu'aux termes de l'article 76 du Code de commerce, les agents de change institués en vertu de la loi ont seuls le droit de faire les négociations des effets susceptibles d'être cotés ;

Que cet article, qui est la reproduction et le résumé de maintes dispositions antérieures, législatives ou réglementaires, sur les bourses de commerce, édicte un principe d'ordre public dont le but est de maintenir la sécurité publique en paralysant les marchés tenus en dehors de la Bourse ;

Que les actions dont s'agit étaient par leur nature d'actions d'un établissement financier, susceptibles d'être cotées à la Bourse ;

Que Bourgeois et Ce les ont eux-mêmes réalisées par le ministère d'un agent de change, à la suite des contestations surgies entre eux et Deneri ;

Que si, pour les opérations antérieures, objet du litige actuel, Bourgeois et Ce ont cru plus avantageux de recourir à ces derniers comme agents du marché irrégulier, ils se sont exposés à ne point trouver de recours devant la justice en cas de difficulté sur l'exécution de ces opérations illicites ;

Que l'article 76 du Code de commerce dans son esprit, comme l'ordonnance du 24 septembre 1724 et l'arrêté du 27 prairial an X dans leurs textes, contiennent les mêmes prohibitions, nullités et sanctions, en ce qui touche le banquier qui confie ses négociations d'effets à d'autres qu'aux agents de change ;

Qu'il suit que la demande est non recevable, etc., etc. »

C'est, en effet, dans la législation antérieure à la rédaction de l'article 76 qu'il faut chercher la véritable interprétation des mots « *susceptibles d'être cotés* ». Aucun doute n'est donc plus possible : les effets susceptibles d'être cotés et dans lesquels sont nécessairement comprises les valeurs en banque, peuvent et doivent être négociés par les agents de change seuls.

VENTE SANS INTERVENTION D'AGENT DE CHANGE DE VALEURS EN PORTEFEUILLE

L'arrêt de la Cour de Chambéry du 25 mai 1883, dont nous avons déjà dit un mot, offre ceci d'intéressant : c'est que, dans un même procès, se sont trouvées résumées et tranchées plusieurs questions qui ont toutes une certaine importance.

Quelques-unes ont été déjà traitées ; les autres sont assez utiles à connaître et méritent d'être examinées.

Ainsi les points suivants sont résolus conformément à une jurisprudence désormais constante :

1° Toute immixtion de personnes étrangères dans la négociation des effets publics, négociation concédée aux agents de change, en entraîne la nullité au regard du mandant et du mandataire ;

2° Le mandataire qui prétend avoir acheté des valeurs en Bourse doit produire au mandant le bordereau de l'agent de change constatant cet achat ; à défaut de cette production, il est censé avoir fait cette opération lui-même ou par des agents sans qualité ;

3° La maison de banque chargée par un client d'acheter des valeurs en Bourse ne peut, sans le prévenir et sans obtenir son adhésion complète, lui livrer les valeurs demandées qu'elle aurait elle-même en portefeuille ;

4° Une semblable opération ne constitue, au profit de la maison de banque, ni une vente, ni l'exécution d'un mandat : elle est radicalement nulle ;

5° La maison de banque soutiendrait en vain que, pouvant vendre directement à un client les valeurs qu'elle a en portefeuille, le résultat pour ce dernier est le même que si ses ordres avaient été exécutés par un agent de change ;

6° Un retard dans la livraison des titres peut, suivant les circonstances, donner lieu à une action de dommages-intérêts, mais non à une action en nullité de l'opération elle-même.

Voici dans quelles circonstances se présentait l'affaire qui a motivé ces décisions :

Un sieur E... donnait, le 18 janvier 1882, à l'agence de la *Société Générale*, à Annecy, l'ordre de faire acheter en Bourse, pour son compte, 100 actions de la Banque *Lyon-Loire;* le lendemain, il renouvelait le même ordre pour cent autres actions de la même Société.

L'achat n'avait pas été effectué en Bourse par l'intermédiaire d'un agent de change; la *Société Générale* recevant l'ordre d'acheter 200 actions *Lyon-Loire* au moment où elle avait dans son portefeuille ces mêmes valeurs, en avait opéré la *vente directe* à E..., qui était devenu ainsi son acquéreur. Elle soutenait qu'elle avait le droit d'agir ainsi, puisque la vente d'une valeur par un banquier à son client est une opération licite, et que le client avait accepté une telle vente et l'avait ratifiée en signant les feuilles de transfert et en donnant récépissé des titres dont il était devenu véritable propriétaire.

En outre, E... avait d'autant moins le droit de se plaindre, qu'en définitive sa situation était exactement la même que si ses ordres avaient été exécutés par l'intermédiaire d'un agent de change, puisque la *Société Générale* lui ayant vendu les actions qu'elle détenait au cours de la Bourse de Paris, les intérêts du client n'avaient pas été lésés.

La *Société Générale* s'appuyant sur le *contrat de vente*, la Cour lui répondit que ce contrat comporte l'accord de deux volontés également éclairées sur la nature de la transaction consentie.

Si, dans l'espèce, la *Société Générale* a bien voulu vendre *directement* à son client ces 200 actions *Lyon-Loire*, celui-ci n'a jamais consenti à *les* LUI *acheter*; il entendait les acquérir par l'intermédiaire d'un agent de change; ce ne sont donc pas les règles du contrat *de vente* qu'il y a lieu d'invoquer, mais celles du *mandat*, lesquelles sont essentiellement de droit ÉTROIT. Or, ce mandat était de faire acheter les valeurs *en Bourse* avec les garanties de l'article 76 du Code de commerce, et un autre contrat, jugé à tort valable ou équivalent, a été substitué par l'intermédiaire.

Ces raisons, purement juridiques, semblent subtiles ; mais, en fait, il pouvait ne pas être indifférent dans l'affaire que les titres fussent négociés en Bourse au lieu d'être vendus de la main à la main. En effet, le 18 janvier 1882, le jour même où l'ordre d'achat était donné, la Société *Lyon-Loire* suspendait ses payements, et sa mise en liquidation judiciaire était ordonnée. Les juges ont donc estimé que si le mandataire avait dit à son client : « J'ai en portefeuille des actions *Lyon-Loire*, je vais vous les vendre puisque vous voulez en acheter », cette manière de procéder aurait pu, dans une certaine mesure, attirer l'attention de l'acheteur, le mettre en éveil, ou, tout au moins, lui permettre de traiter de gré à gré pour obtenir à meilleur compte des actions d'une Société déjà en déconfiture.

La Cour jugea donc qu'il n'y avait ni vente ni mandat régulièrement exécuté et que la *Société Générale* était restée légalement propriétaire des actions dépréciées qu'elle entendait céder à son client.

CHAPITRE XI

Banquiers. — Achat pour compte de clients d'actions de Sociétés tombées en déconfiture. — Demandes en responsabilité.

Nous avons relevé bien des décisions ayant trait à la question de savoir dans quelle mesure un banquier peut être responsable, vis-à-vis de son client, de la dépréciation de valeurs qu'il a conseillé à celui-ci d'acquérir.

Le résumé de quelques-uns des faits consignés dans ces arrêts pourra faire connaître les diverses circonstances dans lesquelles se présentent le plus souvent les affaires de cette nature.

Prise dans son ensemble à un point de vue général, cette matière n'est guère compliquée ; c'est une *question de fait*, basée sur l'article 1382 du Code civil, qui dit : « Que celui qui, par ses agissements, cause un préjudice à autrui, doit le réparer. » Les contestations n'auraient jamais été très difficiles si les actes des parties en cause s'étaient nettement manifestés : dans certains procès, par exemple, où il était établi que les acheteurs avaient été victimes de *manœuvres dolosives*. la solution ne pouvait faire de doute. Dans d'autres instances, au contraire, le mandataire n'avait fait qu'exécuter des ordres reçus : c'est vainement, dans ce cas, que l'acheteur malheureux essayait de faire retomber sur l'intermédiaire une responsabilité quelconque en cas de déconfiture de la Société dont il était devenu actionnaire.

Mais entre ces deux extrêmes se trouvent des faits moins nets, moins précis et plus délicats à étudier : ce sont ceux-là que l'on trouvera mentionnés dans les arrêts que nous citons plus loin : ces faits ont pu être parfois sévèrement appréciés par les tribu-

naux ; mais, en somme, ils n'étaient pas jugés de nature à entraî-
ner contre leurs auteurs une responsabilité civile.

Examinons, par exemple, l'espèce suivante (Cour d'appel d'Orléans, arrêt du 23 août 1882) :

Un sieur P... assignait son banquier X... en restitution des
sommes versées pour des obligations devenues sans valeur, que
ce dernier avait acquises pour son compte à l'aide de manœuvres
frauduleuses ayant eu pour effet de tromper sa bonne foi.

Il fut établi que si le banquier avait *recommandé* à P... l'achat
de titres dont il avait un intérêt personnel à opérer le placement,
P... ne faisait pas la preuve que X... l'eût entraîné à l'aide de
moyens dolosifs à acquérir ces valeurs dont il aurait connu la
vilité.

Le fait par le banquier *d'avoir distribué* dans sa clientèle des
numéros d'un journal recommandant les titres dont s'agit est jugé
insuffisant pour constituer une manœuvre frauduleuse.

Il fallait, de plus, examiner si les valeurs avaient été acquises
soit à l'émission, soit à une époque contemporaine, en tous cas
à un moment où les cours en banque donnés auxdites actions
étaient égaux ou à peu près au taux des émissions.

Il n'était pas constaté que, lors des achats, le banquier avait pu
prévoir la ruine des Sociétés qui émettaient les valeurs ; les re-
commandations qu'il avait faites au sujet des titres qu'il avait intérêt à placer ne pouvaient constituer le dol qu'autant qu'elles
étaient de nature à induire forcément le client en erreur.

Quelque regrettable qu'ait été le patronage donné par X... au
placement des actions acquises par P..., ses affirmations pouvaient
être contrôlées par celui-ci.

X... représente un ordre d'achat : il en résulte qu'il a agi en
qualité de banquier et non de mandataire *spécial* chargé d'opérer
des placements *au mieux des intérêts* de P...

P... fut donc débouté de sa demande en responsabilité. Nous
avons choisi à dessein cet arrêt de la Cour d'Orléans qui contient
des faits de nature à éclairer la question qui nous occupe.

Cet arrêt *infirmait* un jugement qu'il serait trop long de citer.
Disons seulement, en deux mots, que les juges en première instance avaient prononcé la responsabilité du sieur X... en fondant
le dol : 1° sur sa qualité de banquier devant lui donner une connaissance précise des choses financières ; 2° sur les abonnements
qu'il avait provoqués à un journal spécialement organisé pour
placer ces valeurs et l'apposition de sa griffe sur certains exem-
plaires de ce journal ; 3° sur la difficulté ou même l'impossibilité
pour le banquier de revendre les titres précédemment achetés et
la déconfiture des entreprises recommandées.

La Cour n'a pas adopté ce système : elle a bien qualifié certains faits de regrettables, mais elle ne pouvait les juger concluants au point de vue du dol qui *ne doit pas se présumer*. (Article 1116.)

Prenons une autre espèce :

L'acheteur prétendait qu'il s'était déterminé à l'acquisition des valeurs sur le vu d'une *circulaire* de C... indiquant et conseillant l'opération comme très avantageuse.

Le tribunal de Saint-Etienne (jugement du 10 août 1882) rejeta sa demande en déclarant que rien n'obligeait le client à se décider dans le sens qui lui était indiqué par la circulaire ; qu'il était libre de se rendre compte par lui-même d'une opération soumise, comme toutes les entreprises financières, aux éventualités de gain ou de perte, et de ne pas s'arrêter aux appréciations de C... ;

Que celui-ci n'avait pas d'intérêts directs dans la Société ; mais que son rôle consistait à recueillir des souscriptions lui donnant droit à une commission comme simple intermédiaire ;

Que C... n'avait pas excédé les limites de son mandat, etc., etc.

Comme on le voit, il faut que les manœuvres dolosives soient bien *caractérisées* pour amener la condamnation du banquier.

Dans le même sens, un arrêt de la Cour de Paris, du 7 juin 1872, est intéressant à noter. (Dalloz 1877, 5, 388.)

L'émission des obligations d'une Société financière dans les bureaux d'un journal ne peut suffire pour engager, envers les souscripteurs, la responsabilité du propriétaire, directeur de ce journal, si celui-ci n'a pas eu recours à des assertions mensongères pour assurer le succès de l'émission. (Loi du 24 juillet 1867, article 15.)

On ne saurait également considérer comme un acte frauduleux le fait de s'être rendu l'écho d'énonciations inexactes et erronées quand on en a indiqué les origines en mettant les lecteurs à même de s'éclairer eux-mêmes.

Il est évident, d'un autre côté, que le banquier qui, *connaissant le vice de certains titres*, les fait néanmoins acheter par sa clientèle, encourt une certaine responsabilité.

Ainsi, un banquier chargé d'une émission serait responsable envers les souscripteurs de la perte éprouvée par ceux-ci si, par sa négligence, son imprudence et la témérité de ses agissements personnels, il a engagé ses clients dans une entreprise non sérieuse : par exemple, si, ayant un intérêt personnel dans l'opération, il a émis des titres sans valeur et donné de la publicité aux déclarations inexactes qui lui étaient faites et qu'il pouvait facilement contrôler (Cour de Paris, 22 mars 1877).

Nous bornerons là nos citations. D'après nous, l'idée qui se dégage de ces décisions est celle-ci : c'est que les tribunaux, en définitive, ne semblent pas s'être toujours arrêtés aux réclamations plus ou moins légitimes des acheteurs malheureux ; ils rejettent leurs demandes s'ils n'apportent pas de preuves des fraudes dont ils se plaignent. Le banquier est un mandataire ; il peut accomplir dans l'exécution de son mandat des actes qui l'obligent personnellement vis-à-vis des tiers ; mais il ne suffit pas que les agissements de certains mandataires soient, comme le dit la Cour, parfois regrettables pour que les acheteurs puissent se faire rendre les sommes ayant servi à l'acquisition de titres sans valeur.

C'est aux capitalistes à tirer eux-mêmes la moralité des faits que nous venons de mettre sous leurs yeux ; à ce point de vue, cette petite étude peut avoir son utilité.

CHAPITRE XII

Souscriptions d'actions. — Banquiers intermédiaires. — Contestations. — Formation du contrat.

On sait qu'aucune forme précise n'est prescrite pour les souscriptions ; il a été jugé qu'elles engageaient les souscripteurs, alors même qu'elles n'étaient ni datées, ni suivies de la signature du gérant ; cette décision est fondée sur l'usage de donner des adhésions au bas d'un simple bulletin, en laissant au gérant le soin de les régulariser, si cela est nécessaire.

Cette solution, en principe, pourrait être contestable ; en effet, d'après les termes généraux du droit, la souscription d'actions dans une Société est un contrat qui, sans être soumis à des règles spéciales, doit constater l'accord régulier des deux parties contractantes : l'obligation de la part du souscripteur et l'acceptation de son engagement au nom de la Société ; sinon l'absence de la signature du gérant devrait faire considérer l'acte comme un simple projet.

Des arrêts de la Cour de Paris constatent même que la demande formée, par lettre missive, d'un certain nombre d'actions dans une Société industrielle, ou même la signature apposée sur les formules d'engagement distribuées par la Société, ne constituait une obligation pour les souscripteurs que s'il y avait eu, de la part du gérant, réponse ou acte d'acceptation de la souscription. L'acceptation du gérant ne pourrait s'induire ni du visa, apposé sur les lettres laissées sans réponse, ni des inscriptions sur les registres de la Société, si elles ne contenaient ni date précise ni mention des noms des souscripteurs. C'est au gérant qui allègue avoir, par lettre, accepté la souscription, à établir que cette lettre est arrivée entre les mains du souscripteur.

Il a été décidé aussi que le silence gardé par une personne avisée qu'un certain nombre d'actions ont été souscrites en son nom ne peut être considéré comme une ratification de cette souscription, si celle-ci a été faite sans ordre ni mandat, alors même qu'un certain temps s'est écoulé depuis cet avis. (*Gazette des Tribunaux* du 28 mai 1870.)

Les espèces, on le comprend, peuvent varier à l'infini, et les tribunaux sont souverains appréciateurs des circonstances invoquées comme devant rendre la souscription valable et définitive. Les solutions de ces questions, basées seulement sur l'examen des faits, ne sont pas absolues; nous croyons, néanmoins, utile de citer quelques jugements, qui donneront une idée des difficultés pouvant s'élever sur cette matière entre clients et intermédiaires.

Le tribunal de commerce de Lyon a été appelé à se prononcer entre le sieur B..., banquier, et un client, X..., dans les conditions suivantes :

B... avait écrit, par lettre du 24 novembre 1881, à un de ses clients, pour l'aviser des conditions d'une souscription aux actions d'une Société en formation, et l'invitait à donner une prompte réponse à raison de ce que cette souscription devait se clore le 30.

X... avait répondu le 27, en demandant dix actions avec acceptation expresse des conditions énoncées dans la lettre de sollicitation du 24. Le banquier ayant refusé d'exécuter le marché, X... l'a assigné pour avoir livraison des dix actions souscrites.

B... opposait les trois moyens suivants :

1° La lettre du 24 novembre, disait-il, n'était pas une proposition de marché ferme, mais simplement une *circulaire banale* pour faire connaître l'ouverture de la souscription ; ce n'est qu'après l'envoi de cette circulaire qu'une proposition pouvait émaner de lui ; il était donc en droit de refuser la demande de X...;

2° La lettre de ce dernier, pour lier le contrat de souscription, *devait être adressée aux fondateurs* de la Société, de qui dépendait l'admission des souscriptions, et *au domicile* dont la lettre du 24 novembre contenait l'indication ;

3° D'ailleurs, en fait, la souscription s'était trouvée close dès le 28 novembre, jour où B... avait reçu la lettre de X..., datée du 27.

Le tribunal repoussa ces trois moyens et condamna le banquier à livrer les dix actions contre payement de leur montant au pair dans un jugement résumé ainsi qu'il suit (Jugement du 10 mars 1882) :

« Attendu qu'aucune des deux premières prétentions du sieur B... ne peut se soutenir en présence des termes formels de sa lettre du 24 novembre, laquelle sollicite la souscription personnelle « d'un bon et fidèle client », précise les conditions de l'émission et demande une prompte réponse, *la souscription devant être close le 30 ;* que cette lettre, écrite par B..., stipule expressément que la réponse devra lui être adressée à lui-même ; qu'il devait prévoir la nécessité d'un certain délai pour la recevoir, et qu'il avait eu toute facilité pour la transmettre ; que, s'il avait entendu faire des réserves, il eût dû les préciser ;

Qu'ainsi l'acceptation de ses offres dans les conditions où elle a eu lieu doit être considérée comme liant définitivement le contrat, etc., etc. »

Nous en concluons qu'une agence financière qui fait appel au public par des lettres auxquelles elle demande une prompte réponse, ne peut représenter ces lettres comme de simples avis d'ouverture d'une souscription, et le contrat devient parfait par la réponse des clients, portant leur engagement pour un nombre donné d'actions.

Ce contrat de souscription donne *un droit direct* de recours contre l'agence financière, et les souscripteurs peuvent réclamer le nombre de titres qu'ils ont souscrits.

Ce jugement est à rapprocher d'un arrêt de la Cour de Grenoble du 13 février 1882 (affaire Eymond-Féraud) qui décidait, au contraire, que le client d'une agence financière n'a pas d'action contre elle, à raison du défaut de livraison ou de la remise tardive des titres par lui souscrits (dans l'espèce des obligations communales), mais qu'il doit s'adresser à la Société même, dont les titres dépendent.

Une autre décision du tribunal de Lyon, du 16 juin 1882 (affaire Pelletet c. Gerbon), confirme la première opinion, en déclarant que l'intermédiaire qui a obtenu une souscription, a fait un contrat avec le souscripteur, et ne peut avoir agi comme mandataire de la Société.

La souscription est subordonnée à la délivrance des actions, par le banquier ; si donc l'émission annoncée ne se réalise pas, il ne peut retenir la commission.

Il est, de plus, personnellement tenu de restituer le premier quart versé, s'il ne justifie pas qu'il a accompli son mandat en versant les deniers aux fondateurs de la Société, et en faisant inscrire son client sur les listes d'actionnaires.

Le banquier invoquerait vainement, à ce titre d'accomplissement du mandat, le versement des fonds aux mains d'un syndicat de souscripteurs.

En comparant à l'arrêt de Grenoble ces deux décisions de Lyon, on voit comment peuvent être appréciés diversement les effets des relations du public avec les intermédiaires qui se font, pour les Sociétés existantes ou projetées, placeurs de titres par voie de souscription ou par voie de vente à prime.

D'après la Cour de Grenoble, les banquiers n'étaient les mandataires que du *Crédit foncier*, dont ils recevaient leur commission ; ils avaient obligé cet établissement vis-à-vis des souscripteurs et ces derniers avaient une action directe contre lui. Il n'y a guère lieu de s'étonner de ces décisions contradictoires, puisque c'est le fait seul qu'on apprécie, fait qui varie suivant les circonstances.

Evidemment, il arrive parfois que les directeurs de banque sont des mandataires de l'émetteur, quand ils se sont entendus avec lui pour les conditions de la transmission des souscriptions du public et pour leur rémunération ; mais dans d'autres cas le souscripteur s'adresse à un intermédiaire, lui donne son bulletin à transmettre avec les fonds du premier versement ou des valeurs à réaliser : il constitue comme son propre mandataire cet intermédiaire et il a dès lors une action directe contre lui.

Citons, pour terminer, un jugement du tribunal de Tours du 22 décembre 1882 (Aff. Métayer) qui déclare ceci :

La signature apposée par un commerçant sur une liste de souscriptions à l'abonnement du gaz d'une usine non encore existante ne crée aucun lien de droit, aucun contrat entre ce commerçant et la Société constituée postérieurement, alors qu'aucun engagement n'a été pris vis-à-vis des colporteurs de listes d'adhésion, qui, de leur côté, ne s'engageaient à rien.

Le seul caractère qu'on pourrait attribuer à une telle adhésion serait celui : soit d'une sollicitation faite à des personnes innommées, soit d'un contrat synallagmatique imparfait qui, pour devenir obligatoire, aurait dû être converti en un acte fait double, portant la signature de l'abonné et des administrateurs ou tout au moins, des fondateurs de la Société.

CHAPITRE XIII

Opérations de banque. — Droits de commission. — Taux.

Des difficutés se sont fréquemment élevées entre clients et banquiers, au sujet des droits de commission perçus dans les opérations de banque et d'escompte : ces débats ont été maintes fois portés devant la Cour de cassation. Les nombreux arrêts rendus sur cette matière constituent une jurisprudence de laquelle il résulte que les avances faites par un banquier peuvent justifier la perception d'un droit de commission, *en sus de l'intérêt légal*, destiné à compenser les frais et risques des opérations.

Les faits qui donnent naissance aux procès de cette nature ne varient guère ; quant aux contestations de droit, elles ont trait, dans presque tous les cas, à l'application de la loi de 1807 sur l'usure. L'espèce suivante nous servira à examiner brièvement les différents points que soulève cette question :

Un sieur P..., ancien huissier dans une petite localité, avait fait pour le compte de X... diverses opérations de banque et d'escompte.

Le sieur X... prétendant que P... avait pris une commission excessive, l'actionna en restitution devant le tribunal de commerce, qui condamna le banquier à rendre les droits perçus par lui à un taux plus élevé que celui de la localité : le tribunal avait évalué le taux fixé par le banquier à 10 et 11 0/0, et pour arriver à déterminer l'exagération de ce chiffre, invoquait *l'usage de la place*. Or, la localité était sans importance commerciale, et *cet usage* n'était établi par aucune espèce de document. Aussi la Cour de Limoges déclara-t-elle (arrêt du 4 avril 1879) que la base prise par le tribunal était arbitraire.

Elle jugea plus équitable, pour fixer le taux des intérêts et des escomptes, de « rechercher le taux des escomptes à la *Banque de* » *France* pendant le temps des opérations intervenues entre les » parties et d'allouer 6 0/0 d'intérêts et 1/2 de commission pour « trois mois quand la *Banque* n'escompte pas au-dessus de 6 0/0, » et d'ajouter également 1/2 à l'escompte pris par la *Banque* quand » cet établissement financier exige plus de 6 0/0. » La Cour estima que les escomptes devaient être calculés sur cette base et que cette manière d'opérer n'avait rien d'arbitraire.

Le banquier dont la rémunération se trouvait presque ainsi réduite de moitié, se pourvut contre cet arrêt, et les moyens qu'il opposa sont ceux que l'on retrouve toujours dans les affaires de ce genre : mais la Cour de cassation rejeta ce pourvoi, se conformant en cela à sa jurisprudence habituelle.

Ces moyens de droit peuvent se résumer ainsi :

1° Fausse application des lois des 3 septembre 1807 et 19 décembre 1850 sur l'usure, en ce que l'arrêt de la Cour de Limoges avait décidé que les perceptions faites par le banquier devaient être restituées comme usuraires, sans établir le caractère usuraire desdites perceptions, alors qu'il était au contraire constant qu'elles ne recouvraient aucun prêt.

2° Fausse application de l'article 8 de la loi du 9 juin 1857 qui dit que la *Banque de France* pourra, si les circonstances l'exigent, élever au-dessus de 6 0/0 le taux de ses escomptes et l'intérêt de ses avances.

Il fut décidé (24 mai 1880) que l'arrêt de Limoges n'avait ni faussement appliqué ni violé les textes législatifs cités plus haut et que la Cour avait simplement fait usage du pouvoir souverain d'appréciation qui, en cette matière, appartient aux juges du fait.

Revenons maintenant sur l'observation relative à la loi de 1807 qui comporte un examen assez sérieux.

S'il peut se trouver des cas où le juge accorde à un banquier des intérêts supérieurs à 6 0/0, que devient la loi de 1807 qui limite l'intérêt en matière civile à 5 0/0 et 6 0/0 en matière commerciale ?

Voici comment, d'après le savant professeur M. Labbé, l'on peut répondre à cette objection : Le banquier ne remplit pas seulement un mandat, il fait aussi un commerce ; il s'ensuit qu'il a le droit d'exiger un salaire pour ses peines et ses démarches.

En quoi consiste le fonctionnement de ses opérations ? Il emprunte ou reçoit en dépôt d'un côté, et prête ou escompte de l'autre. Il sert un intérêt aux capitaux versés dans sa caisse et se met en mesure de fournir en prêts ou escomptes ces capitaux dont il est débiteur ; c'est un double motif pour stipuler une rémunération plus élevée que dans les prêts ordinaires : il ne retient comme bénéfice que la différence entre l'intérêt qu'il paie et celui qu'il reçoit ; d'autre part, l'insolvabilité des emprunteurs l'expose non pas à la perte d'un capital lui appartenant, mais aux poursuites de ses prêteurs : tel est le rôle que joue le banquier dans la pratique des affaires. S'il est utile qu'il y ait des banquiers intermédiaires entre ceux qui ont de l'argent disponible et ceux qui ont besoin de capitaux, il est nécessaire que les banquiers puissent exiger des intérêts à un taux plus élevé que le capitaliste, même commerçant, prêteur lui-même.

Or, le législateur de 1807 n'a pas prévu cette situation et la jurisprudence a essayé de combler la lacune qui existe dans la loi.

Pour ne pas violer cette loi, les juges n'ont pas avoué qu'ils accordaient aux banquiers un supplément d'intérêt, mais ils ont autorisé un droit de commission.

En réalité, c'est un intérêt supplémentaire justifié par les circonstances, mais non prévu dans la loi.

Quant à la loi du 9 janvier 1857 sur le privilège de la *Banque de France,* elle a fait naître aussi une difficulté assez grave : l'élévation du taux des escomptes au-dessus du chiffre légal autorise-t-elle les banquiers à suivre le même mouvement d'ascension? En droit, non ; la loi de 1857 confère un privilège qui concerne uniquement l'établissement financier privilégié ; mais la théorie *du droit de commission* a permis de corriger les inconvénients pratiques de cette législation. Aussi, l'intérêt proprement dit reste le même ; mais le droit de commission dont le taux est variable, *au gré de circonstances que les tribunaux apprécient,* peut être élevé en considération d'une crise dont la décision prise par la *Banque* est le témoignage.

Le banquier n'invoquera pas l'article 8 de la loi du 9 juin 1857, mais il profitera d'une rémunération extra-légale qu'il est loisible aux tribunaux de lui accorder.

Citons pour terminer deux arrêts qui résument nettement la question.

Arrêt de cassation du 15 mars 1875 :

La commission est la rémunération d'un service rendu : c'est au juge du fond de décider souverainement si un service a été rendu, en quoi il a consisté et quelle est la rémunération due ?

Arrêt de cassation du 14 janvier 1878 :

Il appartient aux juges de décider, par appréciation des circonstances, si le banquier a le droit de réclamer soit des intérêts, soit des commissions non préalablement convenus.

Et l'arrêt qui décide, sur le rapport d'un arbitre et au vu des documents de la cause, que ces intérêts et commissions sont indûment réclamés, motive suffisamment, par cela même, la rectification du compte.

Les nombreuses décisions rendues sur cette matière montrent les difficultés qu'elle a suscitées et qu'elle suscitera encore : ce que nous avons essayé de montrer, c'est qu'*en droit* la question est définitivement jugée.

CHAPITRE XIV

Remise de coupons à encaisser. — Payement immédiat par le banquier. — Faillite de l'établissement débiteur. — Demande en restitution des sommes versées au client en échange des coupons.

Cette question offre un grand intérêt pratique : il s'agit de déterminer la nature du contrat qui se forme entre la personne qui remet des coupons à encaisser, et le banquier qui paye à présentation, sauf à demander ensuite le remboursement à l'établissement débiteur. Généralement si la Société, pour un motif quelconque : opposition, remboursement, etc., refuse de payer, le banquier prévient son client, qui reprend ses coupons et rend la somme qu'il a touchée. Un changeur ne courrait de risques, en ce cas, que s'il avait fait une avance à un tiers porteur inconnu, qui a pu donner un faux nom ou une fausse adresse.

Mais il se présente d'autres circonstances où un intermédiaire, chargé d'un encaissement de coupons, peut subir une perte. Nous croyons intéressant de les signaler.

Au mois de juillet 1881, un sieur M... avait remis à la succursale de la *Banque de Prêts à l'Industrie*, à Evreux, un certain nombre de coupons de la Société des *Hôtels de Nice*, et en avait reçu *de suite* le montant.

Quelques mois après, la Société des *Hôtels de Nice* tombait en faillite, et le syndic de la faillite rendit *les coupons impayés* à la *Banque de Prêts* qui, à son tour, réclama au sieur M... ce qu'elle lui avait versé, en prétendant qu'elle n'avait été que *sa mandataire*. Le sieur M... protesta contre cette allégation. D'après lui, aucun mandat n'avait été confié à la *Banque de Prêts;* il lui avait seulement remis les coupons contre le payement immédiat de leur valeur.

Cet acte ne pouvait être considéré comme un mandat ; c'était un échange défini ainsi par l'article 1702 du Code civil : « Un contrat par lequel les parties se donnent respectivement une chose pour une autre ». A son tour, la *Banque de Prêts*, acceptant le principe de l'échange, répondit par l'article 1705 ainsi conçu :

« Le copermutant, qui est *évincé de la chose qu'il a reçue,* a le choix de conclure à des dommages-intérêts ou de répéter sa chose. »

Elle était donc en droit, en se voyant refuser le payement des coupons, de réclamer les sommes touchées par M...

Il faut noter ici : 1° Que la *Banque* avait reçu les coupons du sieur M..., *en juillet 1881* et que la *Société des Hôtels de Nice* payait à ce moment l'échéance de juillet ; la faillite n'a été déclarée qu'au mois de novembre ou décembre suivant ;

2° Que la *Banque de prêts* avait fait *en son propre nom* et sans en aviser M... une sommation à l'établissement débiteur d'avoir à payer les coupons.

Le tribunal civil d'Evreux, par son jugement du 27 mai 1882, débouta la *Banque de Prêts* de sa demande, en déclarant « que la » remise des coupons contre le payement de leur valeur consti- » tuait non un mandat, mais un échange ;

» Que la *Banque de Prêts* aurait dû opérer *de suite* le recouvre- » ment des coupons ;

» Qu'elle devait imputer à sa seule négligence de ne pas avoir » touché lesdits coupons en les faisant présenter en temps utile ;

» Qu'elle avait fait cette affaire sienne et devait en supporter toutes les conséquences. »

Ainsi, d'après le tribunal d'Evreux, les coupons escomptés par un changeur ou banquier deviennent sa propriété et c'est à ses risques et périls qu'il en opère le recouvrement.

Cette solution pourrait paraître un peu absolue si elle tranchait une question de principe : non que le tribunal d'Evreux ait mal jugé *dans l'espèce ;* mais pour nous il a dû surtout être frappé du retard mis par la *Banque de Prêts* à réclamer le payement à la Société débitrice tombée depuis en déconfiture.

C'est ce fait spécial qui a pu motiver dans une certaine mesure cette décision : dans ce cas, sans discuter les théories de l'échange ou du mandat, on pouvait appliquer les articles 1382 et 1383 du Code civil. « Tout fait quelconque qui cause un dommage à autrui oblige celui par la faute duquel il est arrivé à le réparer. — Chacun est responsable du dommage qu'il a causé non seulement par son fait mais encore par sa *négligence* ou par son imprudence. »

Le tribunal civil de la Seine, dans une affaire de Forcade contre Bailly, a rendu le même jugement le 18 octobre 1883.

D'après cette décision, le contrat qui intervient entre un changeur et une personne qui présente des coupons à l'encaissement est un contrat spécial de commission, commercial au point de vue du changeur, civil au point de vue du commettant non commerçant, parfait lorsque le changeur, après s'être renseigné sur la nature des valeurs à lui présentées, en a opéré le change moyennant un droit de commission. Le contrat de commission diffère essentiellement du mandat salarié en ce que le changeur une fois l'opération terminée avec le commettant, n'agit plus au nom de celui-ci, mais au sien propre et n'est pas restituable contre une erreur qu'il dépendait de lui d'éviter.

La conclusion que l'on peut tirer de ces faits, au point de vue pratique, c'est que toute personne qui se trouverait détenir des coupons à un titre quelconque comme séquestre, dépositaire, mandataire, etc., ferait acte de prudence en les touchant, *de suite*, au fur et à mesure des échéances.

Nous venons de dire que, d'après nous, il ne fallait accepter que *sous toutes réserves* la théorie de « l'échange » adoptée par le tribunal d'Evreux. Nous allons, en effet, citer une autre espèce où le tribunal de commerce de la Seine (jugement du 23 mars 1882) énonce qu'une Société de crédit qui se charge de l'encaissement des coupons *accepte un mandat*.

Il ne s'agit plus ici de coupons qu'un intermédiaire a avancés au client et qu'il ne peut toucher ensuite à cause de la faillite de la Société : mais les circonstances dans lesquelles cette nouvelle affaire a été jugée nous ont paru intéressantes à connaître.

On sait que les Compagnies continuent parfois à payer par erreur les coupons de titres déjà sortis depuis longtemps, et prétendent retenir ces coupons au tiers qui se présente pour toucher le remboursement.

La *Société du Crédit de France* avait été chargée par un sieur L... *d'encaisser pour lui des coupons* de cinq obligations russes de l'Emprunt 1869. Le *Crédit de France*, au lieu de s'en tenir au *mandat* qui lui avait été confié, toucha la valeur de ces cinq obligations sorties en 1873, en se laissant retenir le montant des coupons payés depuis 1873 jusqu'en 1881, soit 750 francs.

Le sieur L... refusa de subir cette perte et assigna le *Crédit de France* en payement de cette somme : le tribunal de commerce de la Seine (jugement du 23 mars 1882) décida que la maison de banque avait eu le tort de recevoir un remboursement partiel.

La Société de crédit, déclare-t-il, qui accepte le mandat de toucher des coupons d'obligations et qui, *au lieu de s'en tenir aux termes de son mandat*, consent, sans en référer à son mandant, à toucher la valeur de ces obligations sorties à un tirage antérieur en laissant retenir des coupons payés depuis le tirage, commet une faute lourde, et doit être condamnée au payement de la somme ainsi retenue.

On pourrait peut-être, *en droit*, discuter cette décision du tribunal qui n'est, pour employer le terme consacré, qu'un *jugement d'espèce* et qui ne tranche pas la question de principe. Que ce fût le sieur L... ou son mandataire qui touchât, rien n'était changé à la situation. Le représentant du gouvernement russe n'aurait pas plus payé à l'un qu'à l'autre les coupons présentés, on ne voit donc pas le préjudice causé au sieur L... par le *Crédit de France;* cette affaire ne ressemble nullement à la première que nous avons examinée plus haut, où l'intermédiaire n'avait pu toucher, parce qu'il avait présenté les coupons *cinq ou six mois trop tard,* et que, pendant ce temps, la Société débitrice était tombée en faillite.

Le seul rapprochement à faire, c'est que, dans le premier cas, les juges ont considéré que la remise de coupons par le client au banquier constituait un échange ; dans le second, ils ont pensé que c'était un mandat.

Ce serait sortir des limites qui nous sont tracées, que de commencer sur ces points une discussion de droit : nous avons voulu seulement noter au passage les difficultés qui se sont élevées au sujet de cet usage constant chez les intermédiaires, de se charger, pour leurs clients, des encaissements de coupons.

CHAPITRE XV

Du Report.

Dans la pratique des affaires, l'opération du report est facile à expliquer; mais elle est beaucoup moins aisée à définir au point de vue de ses effets juridiques ; la détermination du caractère essentiel du report est des plus importantes pour juger sa légalité et ses conséquences.

SA NATURE

En droit, à quel genre de contrat appartient-il ?

Les opinions les plus diverses ont été émises par les tribunaux et par les jurisconsultes qui ont traité cette matière ; nous nous bornerons à le définir et à parler d'un jugement du tribunal de commerce de Lyon qui nous a paru utile à signaler à cause d'un fait particulier qui pouvait transformer le caractère du report et avoir de très graves effets au point de vue pécuniaire.

REPORT CONSIDÉRÉ COMME PLACEMENT DE FONDS

On sait qu'il y a deux sortes d'opérations de report: dans l'une, il est considéré comme continuation d'une position de Bourse ; dans l'autre, il se fait d'une manière isolée indépendamment de toute négociation antérieure.

C'est de ce dernier genre de report que nous nous occuperons d'abord

Il permet au capitaliste de faire un emploi avantageux de ses fonds pour un délai de courte durée. C'est un mode de placement momentané qui constitue un acte sérieux dont la légalité est indiscutable.

L'opération consiste à acheter au comptant une certaine quantité de rentes ou valeurs, et à les revendre au même instant et à terme pour réaliser le bénéfice probable devant résulter de la différence entre le cours au comptant et le cours à terme, à raison de la tendance ascensionnelle des valeurs, à mesure que l'on approche du payement des intérêts.

Ce bénéfice est le prix du loyer de l'argent d'une liquidation à l'autre.

Ainsi considéré, le report est un prêt ordinaire d'argent sur titres et présente de nombreuses sûretés.

En effet, le reporteur a pour garanties : 1° l'obligation contractée par un tiers de lui rembourser, à une époque fixée, la somme qu'il a prêtée ; 2° au cas où ce tiers ne le rembourserait pas, la garantie des intermédiaires ; 3° des titres représentant, d'après leur valeur à la cote de la Bourse, le jour du report, exactement la somme avancée.

Le reporteur aura, à la fin de l'opération, à rendre, non les mêmes numéros, mais seulement des titres de même nature ; il assiste aux assemblées générales de la Société, dont il se trouve actionnaire.

Ces considérations pratiques terminées, quelle est la nature juridique du report ?

Comme nous le disons plus haut, cette question a fait l'objet de discussions très approfondies, et les tribunaux ont interprété de diverses façons le point de savoir, en droit, de quelle nature est le contrat formé par l'opération du report.

EST-CE UN PRÊT SUR GAGES ?

Est-ce un prêt sur nantissement, ou une vente à réméré ?

Est-ce un prêt à intérêt, ou un achat suivi d'une vente ?

Cette dernière opinion nous paraît définitivement acceptée, malgré l'objection qui se présente de suite à l'esprit. N'est-ce pas, en effet, un singulier acheteur que celui qui, dans le même instant, revend ? Cette revente étant parfaite, par le seul consentement des parties, conformément à l'article 1583 du Code civil, comment admettre que le revendeur ou le reporteur *reste propriétaire des titres ?* Ce dernier point est néanmoins aujourd'hui fixé par la jurisprudence aux termes d'un arrêt de la Cour de Paris du 19 avril 1875 (Affaire Dudin et le Crédit mobilier).

La Cour avait à examiner si le reporteur peut faire partie des assemblées générales d'actionnaires, en qualité de propriétaire des titres : elle s'est prononcée pour l'affirmative, conformément à la doctrine antérieure de la Cour de cassation (arrêt du 3 février 1862).

Notons, en passant, cet extrait de la décision de la Cour d'appel, qui résume nettement la question :

« Considérant que, si par le résultat de la combinaison de deux contrats qui s'établit à la Bourse entre le reporteur et le reporté, l'opération totale peut ne pas différer d'un prêt accompagné d'un nantissement, il n'en est pas moins vrai que les deux contrats ne sont pas fictifs ; qu'ils constituent : l'un un *achat ferme de titres* par le reporteur, l'autre *une vente à terme* faite par celui-ci au reporté d'une égale quantité de titres du même genre ; que ces deux contrats doivent produire l'un et l'autre leurs effets juridiques ; que le reporteur est propriétaire des titres par lui achetés, sauf à en livrer de pareils... »

EST-CE UN ACHAT SUIVI D'UNE VENTE ?

On voit que la Cour d'appel n'admet pas que le report soit un prêt sur gage, quoique cet avis soit celui de quelques auteurs des plus compétents en matière de droit financier ; elle déclare que c'est un achat suivi d'une vente.

C'est cette opinion qu'a adoptée le tribunal de commerce de Lyon dans son jugement du 20 mai 1882. (Voir *Droit* du 16 octobre.)

Voici comment les faits se présentaient :

M. A...., agent de change à Lyon, avait pris en report le 31 décembre 1881, pour le compte de la *Caisse lyonnaise*, 500 Banque de Lyon et de la Loire à 85 fr. sur le cours de 1,500 fr. ; le 15 janvier suivant, ayant suspendu ses payements en liquidation sans avoir encore livré les titres à la Caisse lyonnaise, il ne les lui avait remis que les 19, 20 et 31 janvier.

La Caisse lyonnaise avait reçu les titres sans faire *ni protestation, ni réserves*.

A... prétendait en conclure que la deuxième phase de l'opération du report, c'est-à-dire la revente au 15 janvier n'avait point été exécutée et que par conséquent la Caisse lyonnaise avait eu l'intention de renoncer à la revente des titres et de transformer son report en un achat pur et simple. Le reporteur, de son côté, soutenait que les titres étaient vendus et ne lui appartenaient plus.

On comprend en résumé qu'il y avait le plus grand intérêt à ne pas rester propriétaire de valeurs dépréciées et sur lesquelles, de plus, un versement de 375 fr. par titre pouvait être appelé.

Le tribunal déclara que le report est une double opération d'achat au comptant et de revente à terme.

Le reporteur, d'après cette décision, qui a acheté au comptant des valeurs, en a payé le prix, et les a revendues immédiatement à terme, a le droit d'exiger que l'agent de change qui a fait le report dans l'intérêt d'une contre-partie en *garantisse l'exécution complète.*

Et si la livraison des titres au reporteur a été tardive, c'est-à-dire dans l'espèce effectuée après le 15 janvier, époque à laquelle la revente aurait dû recevoir son exécution, cette réception tardive ne peut pas faire supposer que le reporteur ait renoncé à la vente à terme, en transformant son opération de report en un achat pur et simple, d'autant mieux que la responsabilité en incombe à A..., qui n'a pu faire face à la revente en raison de l'état de ses affaires.

La Caisse lyonnaise a donc eu le droit d'exiger que l'agent de change A... prît livraison des valeurs revendues à terme, sauf son recours contre le client pour lequel il agissait.

Ainsi qu'on le voit, le cas spécial de retard dans une livraison n'a pas pu retirer au report les caractères que lui avait attribués le tribunal.

Nous aurons lieu, plus tard, d'axaminer des décisions importantes où le report a été, au contraire, jugé comme un simple prêt sur nantissement. On a soutenu aussi, bien souvent, que les reports dissimulaient de véritables jeux de Bourse et on en contestait la légalité. Les uns le considèrent comme un prêt usuraire, les autres comme un jeu de Bourse ; nous leur répondrons par ces paroles de M. Troplong (*Contrats aléatoires*, n° 149):

« Le report est extrêmement utile, il lie les marchés au comptant avec les marchés à terme ; il porte sur les Fonds publics une masse considérable de capitaux qui leur donne un mouvement continuel. Il est pratiqué par les personnes les plus étrangères aux jeux de Bourse et procure un placement commode aux capitalistes qui ont pour peu de temps, dans leur caisse, des fonds qu'il ne convient pas de laisser sans emploi. »

DU REPORT CONSIDÉRÉ COMME CONTINUATION D'UNE POSITION DE BOURSE.
SA LÉGALITÉ.

Nous venons de parler du report qui se fait d'une manière isolée, indépendamment de toute opération antérieure, et constitue un mode de placement de fonds momentané; c'est un acte dont la légalité est indiscutable.

Mais il existe, on le sait, une autre sorte de report employée chaque jour par les spéculateurs qui ont contracté des marchés à terme. Nous essayerons d'examiner, aussi brièvement que possible, le report à ce nouveau point de vue, entièrement distinct du premier, en le considérant comme continuation d'une opération de Bourse. Nous croyons que, dans ce cas également, les reports sont sérieux et légitimes, et qu'on ne saurait les assimiler à des jeux de Bourse.

Supposons un spéculateur qui a, pour une liquidation, une position d'acheteur ou de vendeur à terme sur une certaine valeur ; arrivé au jour de la liquidation, il ne veut pas prendre les titres contre payement ou les livrer contre argent, mais désire continuer l'opération pour la liquidation prochaine; il fait un report, c'est-à-dire qu'il transporte son opération de la liquidation pour laquelle elle a été faite à la liquidation suivante.

S'il a, par exemple, acheté à découvert en janvier 5,000 francs de Rente 5 0/0, à 100 francs ferme fin courant et compte sur la hausse pour revendre plus cher, il devra, pour faire face à ce payement de 100,000 francs, revendre au plus tard au 31 janvier, soit au-dessus, soit au-dessous de 100 francs, et n'aura, en cas de perte, qu'une différence à payer. S'il veut proroger son opération jusqu'à la liquidation prochaine, il réalisera cette combinaison par un report.

Il aura recours, grâce à son intermédiaire, à un tiers qui lui procurera, pendant un mois, la somme dont il a besoin pour payer son vendeur, et, fin février, il payera son reporteur; celui-ci lui rendra les titres.

Généralement, l'acheteur qui se fait reporter s'engage à payer à la seconde liquidation; réciproquement le vendeur qui reporte convient de toucher une somme déterminée.

Cette somme dite report *est le prix du loyer de l'argent* et correspond à l'intérêt des fonds que l'acheteur se fait avancer d'une liquidation à l'autre.

Disons de suite, en passant, qu'il se peut que l'acheteur n'ait pas d'argent à verser; il arrive aussi, parfois, que les vendeurs veulent reporter et ne peuvent le faire que contre une somme qu'ils touchent en moins. Cela se présente lorsque les capitaux abondent et que les titres font défaut. Dans ce cas, les acheteurs exigent une somme de..., qu'ils payeront en moins lors de l'achat opéré à la deuxième liquidation. Cette somme s'appelle *déport;* elle est touchée par l'acheteur qui se fait reporter, et payée par le vendeur qui reporte; c'est la *rémunération du prêt du titre* d'une liquidation à l'autre.

De mois en mois, ou de liquidation en liquidation, l'opération se trouvera continuée au gré des parties, sans qu'elles aient à payer autre chose que le montant du report ou du déport. On voit donc, en généralisant cette situation des vendeurs et des acheteurs, que les reports ne reposent souvent que sur des payements de différences. De là, des questions délicates à résoudre lorsque leur exécution donne lieu à des contestations ; les tribunaux apprécient les circonstances entourant ces opérations, et leur refusent parfois toute sanction s'ils pensent qu'elles constituent de simples jeux de Bourse.

Il est difficile d'accepter ces décisions sans réserve, parce que, à notre sens, on ne saurait assimiler les reports aux paris, malgré l'absence de livraison d'effets ou d'argent : en effet, l'*exécution matérielle* peut toujours être réclamée par le reporteur ou le reporté et être *réalisée en liquidation;* ce qui ne serait pas si toutes ces opérations n'étaient que des actes fictifs.

Le report a une importance telle dans chaque liquidation, qu'on a pu l'appeler avec raison « la clef du système des opérations de la Bourse, » mais malgré son caractère sérieux et ses avantages de toute nature, il n'a pu échapper aux attaques violentes des adversaires de la spéculation.

Ils ont prétendu, et la jurisprudence, nous devons le dire, leur a souvent donné raison, que l'absence de livraison d'effets ou d'argent permettait de conclure qu'il ne s'agissait que de jeux de Bourse et de paris. Cependant, selon nous, à voir la masse énorme de capitaux qui affluent sur le marché pour favoriser les reports, à voir le concours qu'y apportent les capitalistes, les rentiers et les personnes les plus étrangères à la Bourse et les plus ennemies de l'agiotage, on ne peut douter que la majorité des reports soit un acte sérieux, alors même qu'il n'y a ni livraison ni payement matériel, et que tout se résout en différences.

Il n'existe, à notre avis, *aucun motif juridique* de contester la validité des reports, puisque le capitaliste qui veut s'y livrer dépose les fonds qu'il y destine entre les mains de son agent de change, et que celui-ci se trouve réellement nanti des sommes qu'il emploie à l'achat au comptant de titres qu'il revend immédiatement à terme.

On peut donc dire qu'il a été satisfait suffisamment à la remise préalable dont parlent les lois et règlements, et que l'opération doit être considérée comme licite. En effet, à la liquidation générale, lorsqu'il est dressé un compte de tous les reporteurs et de tous les reportés, les spéculateurs ou du moins leurs agents de change peuvent toujours obtenir une *exécution matérielle* et retirer de la circulation les titres ou l'argent en payant le prix, s'ils sont acheteurs, en livrant les effets s'ils sont vendeurs.

En droit, ces compensations ne peuvent être critiquées, puisqu'elles produisent les mêmes conséquences que le payement.

Très souvent, il est vrai, comme nous le disons plus haut, les reports se prolongent de mois en mois sans que le reporté rentre jamais dans ses titres ni le reporteur dans ses capitaux : ce qui permet à quelques auteurs des plus compétents d'énoncer qu'en matière de reports comme de marchés à terme, l'opération couvre des jeux de Bourse et peut masquer des marchés illicites.

Nous hésitons à nous ranger à cette opinion, malgré l'autorité de ceux qui la défendent.

Qu'importe, en effet, qu'après chaque liquidation, il n'y ait pas remise matérielle, et que le reporteur garde la possession des titres ?

Le capitaliste achète au comptant et revend à terme ; puis à l'échéance, n'ayant pas besoin de son argent, il réitère sa double opération : pourquoi l'obligerait-on à livrer, en liquidation, les effets, pour les retirer immédiatement en vertu du nouvel achat ?

En résumé, les reports s'offrent avec une *réalité* incontestable, si on les considère d'après le système des compensations, selon le principe du droit civil.

Nous ne faisons qu'énoncer un avis, et nous ne pourrions, sans sortir du cadre qui nous est tracé, exposer en détail les arguments à l'appui de notre opinion. Nous nous bornerons à résumer sur ce point les conclusions de M. Guillard dans son savant ouvrage intitulé : *les Opérations de la Bourse*.

L'auteur commence par reconnaître, ainsi que nous l'avons fait, que les tribunaux ont maintes fois décidé que le report « n'était que le jeu sous le voile d'une opération régulière » ; mais, ajoute-t-il, si les reports constituent des jeux sur la hausse ou la baisse des effets publics, ils doivent être poursuivis comme tels en vertu de l'article 422 du Code pénal.

Que dit cet article : « Sera réputé pari toute convention de vendre ou de livrer des effets publics qui ne seront pas prouvés par le vendeur avoir existé à sa disposition au temps de la convention ou avoir dû s'y trouver au temps de la livraison. »

On voit que cet article exige la possibilité de réaliser la livraison à l'échéance, et ne permet pas de rechercher si les parties ont eu seulement l'*intention* de spéculer sur des différences.

Si le vendeur prouve que les effets étaient à sa disposition au moment de l'engagement, la loi n'en exige pas davantage. Quoi de plus ordinaire que de vendre ce qu'on n'a pas encore, ce qu'on doit se procurer plus tard ! Les spéculations les plus productives du commerce roulent sur cet objet. Pourquoi une disposition en exclurait-elle les effets publics, valeur essentiellement commerciale ?

On a objecté parfois que c'était l'agent de change, et non le client, qui avait les titres, et que, par conséquent, celui-ci n'avait jamais eu l'intention de faire une opération sérieuse. Il suffit, pour répondre à cette objection, de considérer le caractère légal de l'intermédiaire. L'agent de change joue le rôle de commissionnaire ou de mandataire, et ne peut en remplir aucun autre ; il ne peut se livrer aux opérations de commerce pour son compte ; il ne prend donc livraison des titres ou de leur prix qu'au nom et dans l'intérêt de ses commettants. D'après ces principes, les clients possèdent, livrent, reçoivent par l'entremise de l'officier public, avec la même réalité que si c'étaient eux qui procuraient l'exécution des marchés.

Si donc l'agent a été détenteur de titres et les a livrés, on ne peut dire que les clients n'ont jamais fait que des opérations de jeu.

En somme, et pour conclure, à quelque égard qu'on envisage les reports, ils reçoivent une exécution réelle, soit par le fait des parties, soit par l'entremise des agents de change, dont la responsabilité personnelle assure les livraisons et les payements. Du reste, en fait, la jurisprudence ne conteste plus le *principe* de la validité des reports ; elle maintient seulement à leur égard l'élément souverain d'appréciation établi en matière de marchés à terme. Pour nous, nous en tirons comme conséquence le droit d'exercer les actions en justice, alors même que les opérations dont nous avons parlé se seraient résolues en règlements de différences.

DEUXIÉME PARTIE

TITRES AU PORTEUR

CHAPITRE XVI

Titres au porteur perdus, volés ou détruits. — Loi du 15 juin 1872. — Oppositions.

Nous publions à la fin de cette brochure le texte complet de cette loi ainsi que le décret d'administration publique du 10 avril 1873 qui en a réglé l'exécution.

Nous voulons dire un mot des difficultés soulevées par l'application de cette loi dans certaines de ses dispositions, et nous ne saurions trop signaler l'importance de cette matière, non seulement pour les hommes d'affaires, mais pour tous ceux qui possèdent des valeurs mobilières représentées par des titres au porteur. Ces titres, en raison même de leur forme et du mode de transmission par simple tradition, offrent de sérieux dangers de vol et de destruction, et les propriétaires trouveraient dans la loi de précieuses garanties pour l'avenir de leur fortune s'ils savaient bien les précautions à prendre pour recouvrer leurs valeurs en cas de perte ou de détournement.

Les rédacteurs de nos codes n'avaient apporté qu'une médiocre attention aux valeurs mobilières, beaucoup moins en usage au début de ce siècle qu'elles ne le sont devenues depuis.

On peut même dire qu'à ce moment la forme du titre au porteur était à peine connue; le développement en est devenu prodigieux. Néanmoins, *jusqu'en 1872,* ces titres n'ont été l'objet d'aucune réglementation particulière. Les lois sont presque muettes à leur égard, et ils sont confondus dans la masse des valeurs mobilières.

La doctrine et la jurisprudence s'accordèrent seulement à leur appliquer les articles 2279 et 2280 du Code civil ainsi conçus:

« Art. 2279. En fait de meubles, la possession vaut titre.

« Néanmoins celui qui a perdu ou auquel il a été volé une chose, peut la revendiquer pendant trois ans à compter du jour de la perte ou du vol contre celui dans les mains duquel il la trouve: sauf à celui-ci son recours contre celui duquel il la tient. »

« Art. 2280. Si le possesseur actuel de la chose volée ou perdue l'a achetée dans une foire ou dans un marché, ou dans une vente publique, ou d'un marchand vendant des choses pareilles, le propriétaire originaire ne peut se la faire rendre qu'en remboursant au possesseur le prix qu'elle lui a coûté. »

Ces titres, en effet, présentaient, comme les meubles corporels, le double caractère d'être transmissibles par simple tradition, et de créer, par le fait seul de leur possession, au profit du détenteur actuel, une présomption de propriété.

Ces dispositions légales étaient évidemment insuffisantes, et l'absence d'une loi spéciale, en cas de disparition de titres au porteur, constituait dans notre droit moderne une lacune dont les conséquences se faisaient journellement sentir, et qui demandait à être comblée.

L'application des articles 2279 et 2280 n'offrait plus que des garanties imparfaites à l'égard de titres qui donnent lieu à des transactions de plus en plus multipliées et représentent aujourd'hui un élément considérable de la fortune publique. Ces articles ont, en effet, un caractère absolument restrictif; ils ne permettaient la revendication qu'en cas de *perte* ou de *vol* pendant trois ans seulement. Le propriétaire dépossédé ne pouvait exercer une action vis-à-vis des établissements débiteurs qu'à l'expiration des délais si longs de la prescription ordinaire: cinq ans pour les intérêts, trente ans pour le capital. On voit pendant quelle période de temps les droits du possesseur étaient paralysés.

Les événements de 1870-1871, en multipliant dans une énorme proportion les cas de destruction ou de détournement des titres, rendaient plus urgente une réforme sur ce point: c'est dans ces conditions que fut votée la loi du 15 juin 1872.

Les innovations principales sont : 1° de pouvoir empêcher la négociation et la transmission des titres au porteur dont on a été dépossédé « par quelque événement que ce soit, » et non plus seulement en cas de perte ou de vol; 2° de permettre de toucher les intérêts ou dividendes, et d'obtenir des duplicata de titres sans attendre les délais ordinaires de la prescription : cinq ans et trente ans.

Ce sont là des améliorations considérables obtenues sans porter atteinte à la sécurité des tiers.

La première partie de la loi (articles 1 à 10 exclusivement) comprend les formalités à remplir en cas de perte, vol, destruction, etc., vis-à-vis des Sociétés, Compagnies ou communes qui ont émis les titres. L'opposition entre les mains des établissements empêche le payement du capital et des intérêts des valeurs dont on a été dépossédé.

La loi indique aussi les moyens de toucher et recevoir les dividendes ou coupons au fur et à mesure de leur exigibilité, ainsi que le capital échu par tirage au sort ou amortissement.

La deuxième partie, à partir de l'article 11, s'occupe des moyens de mettre obstacle à la négociation des mêmes titres : il faut former une opposition au syndicat des agents de change près la Bourse de Paris, qui publie les numéros des valeurs perdues ou volées dans un journal spécial appelé *le Bulletin officiel des oppositions sur les titres au porteur*.

Quels sont les effets d'une semblable publication ? Elle rend nulle vis-à-vis du porteur dépouillé toute négociation ou transmission postérieure, et le propriétaire spolié pourra toujours revendiquer ses titres, quelle que soit la cause de leur perte, au delà même de trois ans et sans avoir à rembourser le prix d'achat au tiers porteur évincé. Ces avantages sont, on le voit, des plus importants.

Nous n'entendons pas faire un commentaire de la loi ; ceux qui voudront l'étudier d'une façon spéciale et approfondie pourront se reporter aux études très complètes sur cette matière de MM. Buchère, Moret et Desrues, Amédée Petit, Legost, de Folleville.

Quant à nous, nous voulons simplement signaler sans ordre bien déterminé les difficultés qui se sont élevées dans la pratique, quand il s'est agi de mettre à exécution certaines dispositions de cette loi, difficultés qui ont donné naissance à des procès que nous avons relevés au jour le jour et que le commentateur n'a pas prévus.

CHAPITRE XVII

Achat de titres frappés d'opposition, mais non insérés au « Bulletin officiel ». — Défaut de recours contre les agents de change. — Situation des tiers porteurs avec la législation actuelle.

La question que nous allons examiner le plus brièvement possible intéresse tous les propriétaires de titres au porteur : s'ils se trouvent avoir acheté des valeurs frappées d'opposition, il est bon qu'ils sachent quels sont leurs droits, et quelle part de responsabilité incombe à leurs mandataires.

Une erreur généralement répandue dans le public consiste à croire qu'il suffit, dans ce cas, de réclamer à son agent de change ou à son banquier, un autre titre : cela est faux, quoique au premier abord il puisse paraître singulier qu'un client qui a reçu un titre, reconnu ensuite comme frappé d'opposition, n'ait aucune action en garantie contre son vendeur ; l'objet vendu est, en effet, affecté d'un vice tel, que l'acheteur ne l'aurait pas acquis s'il en avait eu connaissance.

Il n'en est pas moins vrai, et nous essayerons de le démontrer, que cet acheteur ne peut exercer aucun recours contre l'agent ou le banquier qui lui a servi d'intermédiaire.

Cette question donnait naissance autrefois à des difficultés sans nombre : mais elle a été tranchée d'une façon si précise, par la loi du 15 juin 1872, que le doute n'est plus permis aujourd'hui.

D'après cette loi et le décret qui en a réglé l'exécution, le syndicat des agents de change de Paris, publie chaque jour un *Bulletin officiel des oppositions :* le paragraphe 2 de l'article 12 est ainsi conçu : « Sauf le cas où la mauvaise foi serait démontrée, les agents de change ne seront responsables des négociations faites par leur entremise, qu'autant que les oppositions leur auront été signalées personnellement, ou qu'elles auront été publiées dans le *Bulletin,* par les soins du syndicat. »

Or, comme rien malheureusement n'oblige les propriétaires dépossédés à former opposition en même temps au syndicat et aux Compagnies, il y a en circulation, sur le marché, des titres frappés d'opposition qui ne figurent pas au *Bulletin.*

On voit de suite dans quelle position difficile se trouve l'acheteur qui a eu la mauvaise chance d'avoir un de ces numéros.

S'il s'adresse à son agent de change, celui-ci se retranche derrière le paragraphe précité et dégage sa responsabilité.

6

. Et, en dehors même de la loi, on sait que l'agent de change qui négocie des titres n'est pas un acheteur ou un vendeur, mais un mandataire officiel ; un arrêt de la Cour de cassation du 11 juin 1877 décide qu'on ne peut lui appliquer les dispositions du titre de la vente édictées par le Code civil.

Le client ne pourrait donc agir contre son agent, que si ce dernier avait commis une faute dans la négociation : cette faute, dans notre cas, consisterait à avoir livré des titres publiés au *Bulletin officiel*.

L'agent est en effet responsable, s'il a prêté son ministère à la négociation de valeurs frappées d'une opposition qu'il devait connaître, puisqu'elle était insérée au *Bulletin*, mais par une juste réciprocité, dans le cas contraire, aucune responsabilité ne doit lui incomber.

« Cette disposition, dont l'équité ne peut être contestée, dit M. Buchère, dans son savant commentaire de la loi du 15 juin, a pour but de soustraire les agents aux demandes en responsabilité qui leur étaient si souvent intentées en cas de ventes de titres perdus ou volés : elle devra être étendue aux changeurs, banquiers et autres intermédiaires de cession de valeurs au porteur. »

Quelle ressource reste donc à l'acheteur ?

Il faut qu'il s'adresse directement à l'opposant et lui demande une mainlevée qu'il est sûr, en tous cas, d'obtenir en justice.

C'est un procès gagné à l'avance, il est vrai, mais c'est un procès : si le perdant est insolvable, il faut en payer les frais, et souvent un ouvrier, un domestique, un modeste rentier aura plus d'intérêt à abandonner le titre acheté avec ses économies qu'à saisir la justice de sa demande pourtant bien légitime !

Quelques acheteurs ont voulu protester contre cet état de choses et ont assigné soit les agents de change, soit les Sociétés qui avaient négocié pour leur compte ; mais la loi est formelle, ils ont *toujours* succombé. *Dura lex, sed lex!*

Soit devant les tribunaux de commerce, soit devant les tribunaux civils, à Paris et en province, notamment à Lyon et à Lille, la jurisprudence est unanime.

(Voir entre autres jugements, dans le *Droit* des 22 et 23 novembre 1880, l'affaire Lautz. Société générale et Eggly.)

Un arrêt de la Cour de cassation du 5 février 1878. (Voir *Droit* du 6 février 1878), dit ceci :

« L'article 12 de la loi du 15 juin 1872 qui affranchit de toute responsabilité l'agent de change qui, de bonne foi, négocie des titres perdus ou volés antérieurement au jour où les numéros ont été publiés, ne protège que les opérations régulières dudit agent de change. »

Nous arrêtons là nos citations : aussi bien nous croyons avoir démontré que la question ne fait plus de doute, ainsi que nous le disions en commençant, et le malheureux acheteur aura donc acquis, au lieu d'un titre, le droit de gagner un procès.

Il est vrai de dire que, dans la pratique , les agents de change font de leur mieux pour aider leurs clients à sortir d'embarras ; mais c'est par pure obligeance et ils ont toujours le droit de s'y refuser.

Avec la législation actuelle, nous ne voyons aucun remède à une situation aussi pénible, surtout pour les individus très dignes d'intérêt dont nous parlions tout à l'heure.

Le seul moyen consisterait à obliger les propriétaires dépossédés à former opposition en même temps au syndicat et aux Compagnies : les titres indisponibles seraient tous ainsi publiés et ne circuleraient plus sur le marché sans que les acheteurs eussent un recours contre leurs mandataires.

Ne pourrait-on pas aussi, dans certains cas, obtenir des mainlevées en référé ?

Très souvent l'opposition n'est basée sur aucun motif sérieux ni discutable.

Dans ce cas, lorsque le client justifie d'une acquisition régulière, ne devrait-il pas être fait droit à sa légitime réclamation à peu de frais et à bref délai, sans l'obliger à un procès long et coûteux ?

Il y a là une étude à faire qui ne serait pas, à notre avis, indigne de l'attention de nos législateurs.

<h2 style="text-align:center">CHAPITRE XVIII</h2>

Articles 3 et 15 de la loi. — Opposition contredite.

D'après les articles 3 et 15, le propriétaire dépossédé n'attendra plus pour toucher ses coupons, qu'un an au lieu de cinq ; pour avoir un titre, dix ans au lieu de trente ; et cela, moyennant des garanties suffisantes et à plusieurs conditions, celle-ci entre autres, « *si l'opposition n'a pas été* CONTREDITE. »

Ce mot « *contredite* » n'a fait l'objet d'aucune observation spéciale, soit dans le rapport présenté à l'Assemblée nationale par M. Grivart, soit dans les ouvrages ayant trait à la loi du 15 juin

1872; mais il a donné lieu, dans la pratique, à des contestations bien délicates entre les propriétaires dépossédés et les établissements débiteurs.

Dans quels cas y a-t-il contradiction ou non ?

S'il y a contradiction, que peut et doit faire l'opposant ?

Ce n'est pas là un point de droit intéressant à examiner seulement pour *des jurisconsultes;* notre but est plus modeste, et nous n'oublions pas que nous devons chercher à être lus et autant que possible compris de tout le monde. Cette question est une difficulté de fait qui met dans le plus grand embarras les propriétaires dépouillés de leurs titres, et nous serons heureux de leur servir de guide au milieu des décisions déjà assez nombreuses rendues sur le point qui nous occupe.

L'article 3 de la loi dit ceci : « Lorsqu'il se sera écoulé une année depuis l'opposition *sans qu'elle ait été contredite,* et que dans cet intervalle deux termes, au moins, d'intérêts auront été distribués, l'opposant pourra se pourvoir auprès du président du tribunal, afin d'obtenir l'autorisation de toucher les dividendes, etc. »

La contradiction peut résulter soit d'une autre opposition, soit d'une demande en revendication.

Mais peut-elle consister dans la simple *présentation d'un coupon détaché* par une tierce personne ?

Oui, répondent généralement les Compagnies : et elles refusent, par suite, à l'opposant le certificat dont il a besoin pour recevoir ses intérêts ou un autre titre au bout de dix ans. Les Compagnies ne peuvent pas faire d'autre réponse, et il a été jugé à différentes reprises (Voir, *Droit* du 4 avril 1877, et *Gazette des Tribunaux* du 3 novembre 1875), que la présentation de coupons de titres frappés d'opposition par un autre que l'opposant constitue la contradiction prévue par la loi, et que, dans ce cas, l'établissement ne peut se faire juge entre les parties, et a le droit de refuser le certificat de non-contradiction.

Un débat aura donc lieu entre le propriétaire dépossédé et le porteur des coupons : quant à la Compagnie, elle suspend tout payement jusqu'à ce qu'il ait été statué sur les prétentions respectives des intéressés. Jusqu'ici, pas de grande difficulté : mais les faits ne se présentent pas toujours d'une façon aussi précise. Très souvent celui qui a présenté le coupon est un changeur ou banquier qui prétend n'avoir aucun droit de propriété sur le titre, et refuse le débat ; il préfère abandonner le coupon et faire connaître son mandant : mais si ce dernier a donné un faux nom et une fausse adresse, avec qui le propriétaire dépossédé *pourra-t-il* discuter la propriété ?

Un jugement du 30 octobre 1875 décidait que cette question ne pouvait être débattue qu'avec les *prétendus propriétaires* et non avec les intermédiaires qui ont fait connaître les mandants pour le compte desquels les coupons étaient présentés.

On voit quels obstacles rencontrerait la personne dépouillée si ce mandant habite l'étranger, ou même s'il n'existe pas du tout, ayant donné de fausses indications sur son identité.

Nous avons entendu soutenir que, dans ce cas, la Compagnie ne pouvait pas refuser le certificat de non-contradiction : elle devait passer outre et payer. Nous nous arrêtons, quant à pré-sent, à cette décision du tribunal de la Seine du 30 janvier 1879 *(Droit* du 8 août 1879) :

Des banquiers avaient présenté des coupons et entendaient se soustraire à la demande en indiquant leur mandants qui habi-taient l'étranger.

Le tribunal fit cette déclaration *importante à noter :* Qu'en ma-tière de valeurs industrielles, les *porteurs de coupons* doivent être considérés comme les *contradicteurs* légitimes à l'opposition et que c'est *avec eux* que la contradiction doit être jugée.

Autrement, en effet, les personnes volées seraient forcées d'entamer des procédures longues et coûteuses contre les déten-teurs successifs pour arriver souvent à des individus ayant donné de faux noms et de fausses adresses.

Un résultat semblable serait contraire à l'esprit et au but de la loi de 1872 qui est avant tout, ne l'oublions pas, une loi de protection pour les propriétaires dépossédés.

Il a été également jugé le 17 novembre 1882, par le tribunal civil de la Seine, que lorsque des titres au porteur ont été perdus ou volés, qu'une opposition a été formée et que celui qui s'est présenté pour toucher les coupons a indiqué *un faux domicile,* puis a cessé pendant un certain temps de présenter les autres coupons, la contradiction pouvant résulter de la présentation de premiers coupons doit être tenue pour non avenue.

(Aff. Colas des Francs contre Cᵉ de Suez.)

CHAPITRE XIX

Article 12 de la loi du 15 juin. — Livraison par un banquier à un agent de change de titres insérés au *Bulletin officiel.*

On sait que les prescriptions de la loi destinées à protéger le possesseur dépouillé se résument ainsi : Pour empêcher le paye-ment des coupons, former une opposition entre les mains de l'établissement débiteur (art. 2), et, pour éviter la négociation, notifier une opposition au syndicat des agents de change de Paris, avec réquisition de publier les numéros des titres dans le *Bulletin officiel* (art. 11). Toutes négociations, transmissions ou ventes postérieures à cet avis donné au public du vice qui frappe le titre sont nulles et non avenues à l'égard du propriétaire volé, *sauf recours de l'acheteur contre son cédant*. Dans la pratique, une grande partie des négociations se fait par les agents de change, qui en sont chargés par des changeurs, banquiers ou quelquefois même par certains agents des départements, et ceux-ci, parfois, se préoccupent assez peu de savoir si les titres sont ou non frappés d'opposition.

D'après eux, c'est à l'agent de change seul qu'incomberait, d'après la loi, le soin de consulter le *Bulletin officiel*, c'est spécialement pour l'agent que serait faite cette publication; avant d'aller plus loin, faisons remarquer que la loi dit à l'article 12 : « Toute transmission ». Elle ne vise donc pas que les négociations faites en Bourse par les intermédiaires officiels. Un titre au porteur peut se céder, se transmettre de la main à la main sans aucune intervention d'agent de change. L'acquéreur, dans ce cas, s'il est prudent, ne devra-t-il pas, avant d'acheter et de payer, consulter le *Bulletin officiel?* La question à poser est celle-ci :

L'agent de change exposé à un recours, soit de la part du volé, soit de la part de l'acheteur, lorsqu'il a reçu des titres frappés d'opposition, a-t-il un recours contre son cédant, que ce cédant soit lui-même un intermédiaire du vendeur ou le vendeur en personne ?

Les tribunaux ont décidé dans un sens favorable à l'agent de change, et la jurisprudence est désormais fixée sur ce point, comme le montrent les arrêts que nous allons rapporter.

Dans un procès de M. L..., agent de change, contre la *Société des Dépôts et Comptes courants*, jugé le 11 août 1874 par le tribunal de commerce de la Seine (Voir la *Gazette des Tribunaux* du 13 novembre 1874), M. L... réclamait à cette Société des titres réguliers en échange de ceux frappés d'opposition. Celle-ci soutenait : 1° Qu'elle n'agissait que pour le compte d'un tiers, et que c'était contre ce tiers que l'agent de change devait exercer son recours ; 2° que l'agent aurait dû l'informer, *au moment de la livraison*, que les titres étaient publiés au *Bulletin*.

Le tribunal repoussa ces prétentions, par les motifs dont nous extrayons ce qui suit :

« Attendu qu'il est constant que L... n'a reçu d'ordres que de la *Société des Dépôts et Comptes courants;* qu'il n'a fait confiance qu'en cette Société; que c'est donc à bon droit qu'il dirige son action contre elle ;

» Attendu que vainement la Société soutient que L... aurait commis une faute en recevant des titres frappés d'opposition et qu'il serait aujourd'hui sans droit pour réclamer d'autres titres en échange de ceux primitivement remis ;

» Que la Société ne saurait faire grief à L... de la confiance qu'il lui a faite en ne se livrant pas, *au moment de la réception des titres,* à des investigations que la solvabilité de la Société défenderesse rendait inutiles, etc., etc. »

Nous parlons, bien entendu, des ordres de vente donnés purement et simplement à un agent par son correspondant habituel, sans aucune recommandation spéciale : il n'en serait pas de même si, par exemple, un banquier étranger qui n'a pas le bulletin des oppositions entre les mains, donnait le mandat de vendre tels et tels numéros, seulement après vérification ; mais c'est un cas exceptionnel, et nous nous plaçons au point de vue des faits généraux, tels qu'ils se passent chaque jour dans la pratique des affaires.

Dans cet ordre d'idées, voici un arrêt absolument topique rendu par la Cour d'appel de Paris, le 5 décembre 1879 (Voir le *Droit* du 4 février 1880. — Affaire Legrand contre Thelier et Henrotte et Rey), qui déclare ceci :

« **Les vendeurs précédents** ou les intermédiaires qui ont, par leur faute ou leur imprudence, induit l'agent de change en erreur, doivent le garantir ; notamment le banquier qui, étant en rapports habituels avec l'agent, a donné l'ordre d'opérer la vente pour son compte personnel, sans indiquer d'où ou de qui proviennent les titres. »

Dans l'espèce, M. Rey, banquier à Alger, appelé en garantie par MM. Thelier et Henrotte, cherchait à rendre ceux-ci responsables pour n'avoir pas consulté le bulletin avant de livrer les valeurs à l'agent de change, et ces derniers répondaient qu'une telle **vérification** peut être obligatoire pour l'agent de change et non pour le banquier, simple intermédiaire et correspondant.

Voici, en réponse, un résumé du dispositif :

« Considérant que Thelier et Henrotte, mandataires de Rey, chargés de réaliser les titres dont celui-ci se disait possesseur, ont donné à Legrand l'ordre de les vendre en leur nom personnel, sans lui déclarer qu'ils étaient les intermédiaires d'un banquier habitant Alger, laissant ainsi l'agent de change dans une sécurité trompeuse vis-à-vis d'eux ses clients habituels ;

» Considérant, en outre, encore bien que leur bonne foi ne soit pas suspectée, que Thelier et Henrotte ont remis à Legrand des titres indisponibles *en négligeant de faire les vérifications dictées par la prudence, etc., etc.* »

On voit que la Cour se prononce d'une façon très nette sur ce point en litige.

Un seul arrêt, à notre connaissance, n'a pas été rendu dans un sens aussi favorable (Cour de Nancy. — 3 juin 1882) : il s'agissait d'un trésorier général qui avait livré à un agent, pour les vendre, des titres frappés d'opposition. L'agent pensait que le trésorier général, en qualité de vendeur, devait échanger les valeurs.

La Cour de Nancy, sans nier le principe du recours à l'égard du vendeur proprement dit, repoussa la demande par le motif que le trésorier général n'était que l'un des intermédiaires et non le vendeur lui-même.

Un pourvoi a été formé contre cet arrêt : la chambre des requêtes, saisie de cette question de recours contre *celui qui a donné l'ordre de vente,* a admis le pourvoi *dans le sens de l'affirmative* (arrêt du 14 août 1883).

Nous pensons que la Cour de cassation maintiendra sa jurisprudence : car elle s'est déjà prononcée sur le sujet qui nous occupe dans un procès qui n'est pas très ancien.

Le 5 août 1879 elle déclarait ceci :

Il est fait une juste application de la loi du 15 juin 1872, des principes du mandat et de l'article 1382 du Code civil, par l'arrêt qui condamne un agent de change à restituer au propriétaire, mais *sauf recours contre le mandant sur l'ordre duquel il a agi,* des titres vendus malgré la publicité donnée à l'opposition (Affaire Vaisse-Teissere, *Gazette des Tribunaux* du 9 août 1879).

CHAPITRE XX

Article 10 de la loi du 15 juin 1872. — Agents de change. — Aucun droit de rétention. — Pas de responsabilité vis-à-vis des propriétaires dépossédés.

La loi du 15 juin est, nous l'avons déjà dit, une loi de protection pour les propriétaires dépossédés ; il est impossible, cependant, de se prononcer en leur faveur, dans le cas suivant :

Un agent ou un banquier, lorsqu'il reçoit des valeurs à négocier et que ces titres figurent au *Bulletin officiel des oppositions,* est-il obligé de les retenir ? Engage-t-il sa responsabilité s'il les rend purement et simplement à son client vendeur ?

Dans le procès que nous allons prendre comme exemple à l'appui de nos observations, M. W..., victime d'un vol de 90 actions de la *Compagnie d'Orléans*, entendait faire donner à la loi une portée qu'elle n'a pas, à notre avis, en réalité : dépouillé de ses titres, il avait pratiqué, conformément à la loi, des oppositions entre les mains de la Compagnie et du Syndicat des agents de change : les numéros des actions avaient été publiées au *Bulletin officiel*.

Les actions, négociées à Londres, furent achetées par des banquiers en Angleterre, et transmises par ces derniers à M. C..., leur correspondant à Paris, avec mandat de les vendre en Bourse. M. C... remit ces titres à M. D..., agent de change, auquel il donna l'ordre de vente.

Huit de ces titres ayant fait l'objet d'une saisie et d'une enquête, l'agent de change s'aperçut que toutes les actions envoyées de Londres étaient frappées d'opposition. Il les rendit à son correspondant, qui les retourna à son tour au banquier anglais.

Le propriétaire dépossédé prétendit que ce fait lui causait le plus grand préjudice. D'après lui, l'agent de change devait retenir les titres au lieu de les rendre à son client, et il l'assigna en restitution des actions, sinon en payement de 107,000 fr. de dommages-intérêts.

Disons de suite que cette demande fut repoussée par le tribunal et par la Cour de Paris (arrêt de la 1re chambre du 10 janvier 1882).

Le sieur W... voulait invoquer contre l'agent de change et le banquier les dispositions de l'article 10 de la loi du 15 juin 1872, ainsi conçu : « S'il se présente un tiers-porteur des titres frappés d'opposition, l'établissement débiteur doit provisoirement retenir ces titres et avertir l'opposant, etc... » M. W..., aux termes de cet article, entendait rendre exigible, de la part de l'agent de change, l'obligation de saisir les valeurs.

Mais la loi ne dit rien de semblable pour l'intermédiaire, agent de change ou banquier, dont elle a réglé, dans d'autres dispositions, la conduite et la responsabilité. Elle a distingué, d'une façon très précise, entre le rôle de l'établissement débiteur et celui de l'agent de change.

Elle a prescrit :

1° *L'opposition à payement* (art. 2) : la sanction de cette disposition se trouve dans l'article 10 que nous venons de citer, c'est-à-dire dans l'obligation de retenir les titres ;

2° *L'opposition à négociation* (art. 11) signifiée au syndicat et publiée au *Bulletin*, sanctionnée par la responsabilité des intermédiaires dans certains cas.

Ce sont deux *mesures distinctes* et qu'il ne faut pas confondre : il importe de remarquer que l'article 10 de la loi qui *impose à l'établissement débiteur* la nécessité de saisir les valeurs ne saurait s'appliquer à l'*intermédiaire* chargé de la négociation.

Tous deux concourront à faciliter la rentrée en possession du propriétaire dépouillé : l'un en gardant le titre, l'autre en l'empêchant de circuler; la seule obligation imposée à l'agent de change ou au banquier par la loi de 1872 est, *par le refus de la négociation*, de fermer l'accès du marché en Bourse au titre frappé d'opposition.

Ajoutons que l'intermédiaire courrait souvent les plus grands risques s'il prenait sur lui d'aller au delà de ce que la loi lui commande strictement.

L'agent de change ou le banquier n'est pas constitué le *mandataire* des individus dépossédés, ni le séquestre ou dépositaire légal des valeurs frappées d'opposition.

On ne pourrait donc admettre implicitement l'application de l'article 1938 du Code civil qui est spécial au dépôt, et d'après lequel « le dépositaire qui découvre que la chose a été volée et quel » est le véritable propriétaire ne peut la remettre au déposant » sans avoir prévenu celui auquel elle appartient. »

Ainsi donc, en présence de l'opposition, l'agent n'a qu'à s'abstenir de toute négociation du titre; c'est à cela que se borne à son égard la loi du 15 juin 1872. Il n'a pas à se renseigner sur les motifs de l'opposition qui peut être sérieuse ou seulement vexatoire : « Qu'il consulte le *Bulletin*, dit M. Grivart dans son rapport, voilà ce que la loi a le droit d'exiger de lui. Mais on ne saurait aller plus loin et imposer à cet officier public d'autres recherches, d'autres investigations sans créer pour lui des obligations incompatibles avec la rapidité du mouvement des affaires et la multiplicité des transactions. »

Ces points nettement établis, résumons la décision du tribunal dans l'affaire ci-dessus rapportée.

Il fut déclaré ceci : L'agent de change est uniquement tenu de ne pas servir d'intermédiaire à une négociation désormais sans effet à l'égard du volé, sous peine de s'exposer au recours de la personne qui aurait payé un titre dont elle ne pourrait disposer.

En restituant à son correspondant C... les titres frappés d'opposition, l'agent D... n'a fait que replacer le propriétaire dépossédé W... dans la situation antérieure à la négociation *sans encourir aucune responsabilité* envers W..., attendu que la saisie régulière par le commissaire de police n'avait pas été faite en temps utile, et que la notification de la commission rogatoire pour la mise des titres sous séquestre n'avait eu lieu qu'après la restitution des actions à C..., le banquier.

A l'égard de ce dernier, correspondant de l'agent, il a été statué qu'il était non le propriétaire des titres, mais seulement le mandataire chargé d'en faire la négociation pour le compte d'un tiers dont il a donné le nom et l'adresse.

Que, s'il est constaté que C..., connaissant l'origine frauduleuse des titres par lui reçus et transmis à l'agent, les a réexpédiés à son correspondant, ce seul renvoi n'est pas une cause de responsabilité civile ; qu'aucun acte régulier n'avait mis un obstacle légal au dessaisissement, etc. Par ces motifs, W... fut débouté de sa demande contre l'agent de change et le banquier. La Cour de Paris a confirmé ce jugement en adoptant les mêmes motifs. (Arrêt de la 1re chambre du 10 janvier 1882.)

CHAPITRE XXI

Art. 16 de la loi. — Pas d'opposition sur les titres de Rente française.

L'article 16 de la loi du 15 juin 1872 défend d'accorder le bénéfice de cette loi au titulaire de Rentes sur l'État.

C'est sur ce point que nous voulons nous arrêter un instant en signalant certaines difficultés qui ont été soulevées à l'occasion de cet article 16, ainsi conçu :

« Les dispositions de la présente loi ne sont pas applicables aux billets de la *Banque de France,* ni aux billets de même nature émis par les établissements légalement autorisés, ni aux *Rentes* et autres titres au porteur émis par l'État, lesquels continueront à être régis par les lois, décrets et règlements en vigueur. »

La conséquence de cet article est de rendre impossible l'admission au *Bulletin officiel* des numéros de titres sur l'État perdus ou volés et d'empêcher la revendication du propriétaire dépossédé.

C'est ce que le tribunal de la Seine a décidé le 2 février 1883, au sujet d'une demande en responsabilité intentée par un sieur Parvillers, victime d'un vol de titres considérable, contre MM. Cahen, d'Anvers, qui avaient reçu de leurs correspondants d'Angleterre un grand nombre de valeurs soustraites. Le tribunal a admis la réclamation du sieur Parvillers contre MM. Cahen, d'Anvers, pour les obligations des Compagnies de l'Ouest et de

Lyon ; mais pour les titres de Rente française, il a déclaré « qu'aucune opposition n'ayant pu les frapper ni les rendre indisponibles, leur détention et leur négociation successives ne pouvaient obliger le porteur à les restituer ni constituer à la charge de celui-ci une faute dont réparation serait due. »

Dans un procès plus récent, la même question avait été agitée ; mais, en outre, avec cette circonstance qu'il convient de signaler. Un vol important avait été commis ; parmi les valeurs détournées se trouvait un titre de 3,000 francs de Rente 3 0/0, et, comme à cause de l'article 16 de la loi, la publication au *Bulletin officiel* était impossible, on avait employé, pour faire connaître le vol, des annonces et des circulaires distribuées par l'intermédiaire d'une agence. La Compagnie d'assurances, subrogée aux droits du propriétaire volé, apprit que le titre de 3,000 francs de rente avait été négocié par MM. Raphaël Bérend, banquiers à Paris, et forma contre eux une demande en payement de 85,000 francs environ, représentant la valeur du titre volé ; mais étant donné qu'aucune opposition et aucune *publicité officielle* ne pouvait avoir lieu sur le titre en question, il fallait établir l'existence d'une faute à l'égard des banquiers. Or, le tribunal (2 août 1883, 4e chambre) déclara « qu'on ne pouvait imputer à faute aux banquiers de ne pas s'être reportés aux listes de valeurs volées publiées par l'agence Azur ; qu'aucune obligation n'était résultée, pas plus pour eux que pour l'agent de change, de cette publicité *tout officieuse*, puisque les dispositions de la loi du 15 juin 1872 ne s'étendent pas aux titres de rente. » La demande de la Compagnie d'assurances fut donc repoussée ; mais il est bien évident que le tribunal avait examiné si, en dehors de la loi de 1872, un fait d'imprudence était à reprocher aux banquiers et si leur défiance devait être éveillée par une circonstance quelconque de l'affaire.

On voit donc que le propriétaire de titres de Rentes françaises est beaucoup moins protégé, au point de vue officiel, contre la perte ou le vol que ne l'est, dans le même cas, le propriétaire des titres émis par les Sociétés, les communes ou les départements.

On s'est demandé, lors de la présentation de la loi, si cette exception était bien rationnelle.

Ou le système de la loi est bon, disait-on, et il convient de l'étendre à tous les titres, à ceux même qui ont l'État pour débiteur, ou on craint que, dans l'application, la loi nouvelle ne soit gênante ou incommode, et, dans ce cas, il ne faut pas plus l'imposer aux valeurs des Compagnies qu'à celles de l'État.

Le rapporteur répondit que les Rentes sur l'État étaient depuis longtemps soumises à une législation spéciale, d'après laquelle elles ne sont passives d'aucune opposition ; qu'à la faveur de cette législation, l'État avait pu décentraliser ses payements et autoriser les porteurs de Rentes à se présenter à celle des caisses publiques où il leur est le plus commode de se faire payer.

On craignait, si l'on retranchait l'exception introduite par l'article 16 en faveur de l'État, d'engager la responsabilité du Trésor par des erreurs possibles et d'autant plus fréquentes qu'il y a plus d'agents chargés de payer les Rentes sur l'État.

Cette objection parut des plus sérieuses aux membres de la commission qui se rangèrent à l'avis du rapporteur ; elle était vraie, en effet, pour l'opposition au payement des coupons, mais peut-être y avait-il une distinction à faire entre cette opposition et l'opposition à négociation. Nous avons signalé plus haut les sanctions différentes des deux articles 2 et 11.

Mais les termes généraux de l'article 16 de la loi imposent une semblable solution, acceptée du reste depuis que la loi existe, par les porteurs de titres de Rente française.

Ajoutons qu'un décret du 24 novembre 1873 (*Bulletin des Lois,* n° 2,626) applique aux bons de liquidation les exceptions admises par l'article 16 de la loi du 15 juin 1872.

Le Trésor, tout en refusant de recevoir des oppositions régulières, consent à prendre note, d'une manière officieuse et sans engager sa responsabilité, des déclarations qui lui sont faites en cas de perte ou de vol de titres au porteur. Il délivre même des duplicata, mais en exigeant la remise d'un cautionnement égal à la valeur des titres en principal augmentée de cinq ans d'intérêts. Au bout de vingt ans, d'après l'article 16 de la loi de 1872, ce cautionnement est restitué.

CHAPITRE XXII

Valeurs étrangères perdues ou volées. — Opposition. — Application de la loi du 15 juin 1872. — Revendication possible.

Nous n'avons parlé que des valeurs françaises : il nous faut également dire un mot des titres étrangers qui ont pris, dans ces dernières années surtout, un développement considérable.

Le nombre de ces titres qui se trouvent dans les mains des capitalistes français s'est accru dans des porportions telles qu'il nous a paru utile de renseigner ceux-ci sur certaines questions relatives aux valeurs étrangères, notamment en cas de perte, de vol ou de destruction.

Nous disions plus haut que les innovations de la loi, dans l'intérêt des porteurs dépouillés consistaient : 1° à pouvoir empêcher la négociation et la transmission des titres perdus ou volés en les faisant insérer au *Bulletin officiel* ; 2° à permettre de toucher les intérêts ou dividendes et d'obtenir des duplicata de titres dans certaines conditions.

On s'est demandé si cette loi s'appliquait également aux valeurs étrangères.

Faut-il, si l'on a été dépossédé de titres de cette nature, renoncer à l'espoir de les retrouver jamais ?

Y a-t-il intérêt à former des oppositions ?

Peut-on, en vertu de la loi de 1872, *exercer un recours contre les intermédiaires qui ont négocié,* ou une revendication contre les tiers porteurs qui ont acquis ces valeurs, malgré une opposition ?

Telles sont les questions que de récents arrêts viennent de résoudre et que nous essayerons de résumer aussi brièvement que possible ?

Il avait été jugé en 1878 (Voir *Droit* du 21 juin 1878) que la loi de 1872 *ne concernait absolument que les titres français.*

Un sieur H…, auquel avaient été volées cent obligations égyptiennes, les perdit sans revendication possible et fut obligé de fournir la mainlevée de l'opposition à un banquier qui avait acheté ces titres à Londres.

Les juges avaient estimé que la plupart des dispositions contenues dans les articles de la loi étaient tout à fait dépourvues de sanction, si elles devaient s'appliquer à des établissements étrangers : peut-être s'étaient-ils inspirés des paroles prononcées en 1868, au Sénat, par le savant président Bonjean, qui disait, dans son rapport sur une loi à créer pour les titres au porteur : « Une loi de ce genre, en supposant que le gouvernement se décidât à la proposer, ne serait applicable *qu'aux valeurs françaises.* Quant aux valeurs étrangères, les propriétaires dépouillés seront exposés aux refus péremptoires qui, jusqu'à ce jour, leur ont été **presque** toujours opposés. Les capitalistes français seront ainsi amenés à préférer les titres français, puisque la propriété des valeurs mobilières est efficacement protégée aujourd'hui en France, et qu'elle ne l'est pas au même degré en pays étranger »**.**

L'opinion de l'éminent magistrat n'a pas été adoptée par la jurisprudence, et depuis le jugement de 1878, cité plus haut, des arrêts se sont prononcés dans un sens plus favorable aux propriétaires de titres étrangers.

La décision rendue au sujet des cent obligations égyptiennes nous paraît en effet trop absolue et trop restrictive.

Il est évident que la loi de 1872 ne peut s'appliquer, *dans toutes ses dispositions*, aux valeurs étrangères. Mais, parmi les prescriptions qu'elle renferme, il en est plusieurs dont l'accomplissement donnerait dans certains cas, au porteur dépouillé, une satisfaction presque entière, sans soulever aucune difficulté avec l'établissement étranger.

Certes, la loi a eu pour but de permettre à celui dont le titre a disparu d'en exiger un autre. Mais ce n'est pas le seul effet de cette loi : elle lui donne le moyen d'arrêter en outre la négociation et la transmission du titre ; et, si l'on ne peut imposer aux Sociétés étrangères, même lorsqu'elles ont un mandataire ou un représentant en France, une législation dont l'application serait contraire à leurs statuts, ces Sociétés ne sauraient se soustraire aux mesures *non contraires à leur constitution.*

Quels seront les effets de l'opposition ? Dans quelles limites agira-t-elle ? L'opposition sera valable si les statuts ne la défendent pas.

Si, au contraire, l'émission a été faite à condition que les valeurs ne puissent être l'objet d'aucun séquestre ou empêchement quelconque, aucune sanction ne sera attachée à l'opposition. (Aff. Péau et de Rotchschild — arrêt du 31 décembre 1877, *Droit* du 16 janvier 1878.)

On ne pourrait également contraindre les Sociétés étrangères à se conformer aux prescriptions de la loi relatives au payement du capital ou à la délivrance des duplicata de titres ; mais il n'en saurait être de même des mesures destinées simplement à prévenir la transmission des valeurs volées.

Ces mesures ont pour effet de régler la police du marché et la circulation des titres au porteur : à ce point de vue, elles sont applicables *à tous les titres se négociant en France ;* or, les valeurs étrangères, comme les autres, circulent sous la foi des lois de sûreté qui protègent et garantissent ce genre de propriété, et nous ne voyons pas en vertu de quel principe ces valeurs pourraient être soustraites à l'application de ces lois.

On ne saurait prétendre qu'un conflit pourra s'élever entre la législation française et la législation sous l'empire de laquelle l'émission a été faite ; en effet, l'établissement étranger reste en dehors de toute obligation et la publication des titres au *Bulletin officiel* n'entraîne pour lui aucune responsabilité ; elle permet seulement au porteur dépouillé de revendiquer ses titres s'ils ont été négociés au mépris de cette publication.

Nous citerons un arrêt rendu par la Cour de Paris, le 21 août 1882, dans les circonstances suivantes :

Un sieur L..., victime d'un vol de titres de Rente russe en septembre 1876, avait formé opposition et fait insérer les titres au *Bulletin officiel*. M. C..., banquier, les avait présentés en 1878, pour être négociés, à un agent de change entre les mains duquel ils avaient été saisis-arrêtés.

En réponse à la revendication du sieur L..., qui demandait à rentrer en possession de ses valeurs, M. C... prétendit que la loi ne s'appliquait pas aux valeurs étrangères, qu'il avait reçu ces titres de banquiers de Berlin, lieu où la publicité du *Bulletin officiel* ne saurait être considérée comme produisant effet.

Ce système fut repoussé tant en première instance qu'en appel, et la Cour rendit un arrêt qui est le résumé clair et précis de cette importante question et dont voici l'analyse :

Le propriétaire dépossédé peut recourir à deux moyens légaux qui concourent au même résultat, mais dont *chacun a son but distinct*.

Le premier de ces moyens est une notification à l'établissement débiteur, afin d'arrêter le service des arrérages et le payement d'un capital auquel des titres perdus donneraient droit; il pourra, dans beaucoup de cas, faire défaut aux porteurs de valeurs étrangères.

Le second est une réquisition au syndicat des agents de change de publier les titres afin d'en prévenir la négociation et la transmission de main en main.

Aucun obstacle *de fait ni de droit* ne l'empêche de produire effet, même sur des valeurs émises à l'étranger, lorsque ces valeurs sont retrouvées en France, entre les mains d'un tiers porteur qui les a acquises postérieurement à l'opposition. Dans le procès que nous résumons, le banquier C... avait acheté les titres à un correspondant de Berlin, mais il les avait reçus à Paris, où il n'aurait pas dû omettre d'en comparer les numéros avec ceux publiés au *Bulletin officiel*.

Il fut donc condamné, vis-à-vis du sieur L..., comme ayant pris livraison en France de titres volés sans en vérifier l'origine, alors qu'elle lui était signalée comme suspecte.

Un autre arrêt de la Cour de Paris du 31 janvier 1882 (*Droit* du 12 février 1882) déclare également qu'une Société étrangère ne saurait trouver dans cette qualité, lorsqu'elle a traité avec des Français, une raison de se soustraire à l'application des lois françaises.

Ainsi qu'on le voit, la loi de 1872, interprétée dans ce sens, pourra rendre d'utiles services aux propriétaires de valeurs étrangères; leur situation sera loin d'être aussi favorable que celle des porteurs de titres français; en cas de destruction des titres, par exemple, la loi de 1872 ne leur sera d'aucun secours : ils ne pourront, en effet, espérer de restitution que de la législation étrangère, mais la destruction est plus rare que la perte ou le vol.

CHAPITRE XXIII

Titres volés. — Négociation en Bourse à l'étranger. — Situation respective du tiers-porteur et du propriétaire dépossédé.

Parmi les difficultés que l'interprétation et l'application de cette loi ont soulevées, il en est encore une très délicate et qui mérite d'être signalée à l'attention des lecteurs.

La loi du 15 juin est faite pour protéger le propriétaire de titres au porteur qui en a été dépossédé : le vol une fois accompli, les voleurs n'ont rien de plus pressé que de passer à l'étranger pour y négocier les titres : ce qui malheureusement leur est assez facile. Quelle mesure peut prendre dans ce cas la victime du vol? Nous ne parlons pas, bien entendu, des formalités à remplir en France, où il suffira de faire publier les numéros des valeurs détournées dans un bulletin spécial pour en empêcher la négociation; mais les nations européennes ne possèdent pas, en général, de législation particulière aux titres au porteur; la plupart, conformément à ce qui se passait chez nous avant 1872, se contentent d'appliquer à ces valeurs les principes qui régissent les autres biens meubles; il en est ainsi en Angleterre, en Italie, en Suisse, en Espagne, etc. Seules la Hollande, l'Autriche, la Belgique, l'Allemagne ont admis des dispositions spéciales en cas de dépossession illégitime du propriétaire de valeurs mobilières.

Les prescriptions destinées en France à protéger le possesseur dépouillé peuvent se résumer ainsi, nous les rappelons à dessein : pour empêcher le payement des coupons, former une opposition entre les mains de l'établissement débiteur (art. 2), et pour éviter la négociation, notifier une opposition au syndicat des agents de change de Paris avec réquisition de publier les numéros des titres dans le *Bulletin officiel* (art. 11) : Toutes vente, transmission, négociation, acquisition postérieures à cet avis donné au

public du vice qui frappe le titre, seront déclarées nulles et non avenues.

Ceci exposé, prenons un exemple pour bien préciser le point que nous voulons examiner.

Un propriétaire en France est victime d'un vol de titres au porteur; il remplit les formalités que nous venons d'énoncer; quelque temps après, un tiers porteur se présente soit à la Compagnie pour toucher ses coupons, soit pour vendre les valeurs, chez un agent qui refuse de les négocier parce qu'elles figurent au *Bulletin officiel*. Ce tiers est de bonne foi : il *a acquis les titres en Bourse à l'étranger et selon la loi de son pays;* l'achat a bien eu lieu postérieurement à la publication des numéros au *Bulletin,* mais l'acheteur ne croit pas avoir à s'en préoccuper et il vient, devant les tribunaux français, réclamer, contre celui qui a été volé, le droit de disposer librement des titres qu'il a achetés.

La situation est, selon nous, bien délicate. *En droit,* on peut évidemment se demander en vertu de quel principe une loi française pourrait atteindre une convention passée entre étrangers, hors de France, selon la loi du pays. Comment, en effet, imaginer des étrangers régis chez eux par une loi française? Mais d'autre part, en équité, il paraît bien rigoureux de se prononcer en faveur d'étrangers qui se transmettent si aisément les titres soustraits et de dépouiller sans recours la victime du vol. Quel pouvoir la loi du 15 juin donne-t-elle aux juges? Elle permet de déclarer nulle et de nul effet vis-à-vis du volé toute acquisition postérieure à la publicité donnée au vol; il est évident que se servir de cette loi dans le cas qui nous occupe, c'est prétendre qu'une loi française est applicable hors de nos frontières entre étrangers.

Cette question relative au lieu de la négociation et à la nationalité des vendeurs et des acheteurs est du domaine du droit international privé. Loin de nous l'idée d'aborder ici une discussion de droit qui ne trouverait sa place que dans une Revue de jurisprudence: disons de suite, pour rentrer dans les faits pratiques, que malgré les arguments qu'on a pu opposer en droit, les juges se sont prononcés presque toujours en faveur du propriétaire dépossédé. Nous ne connaissons point d'arrêt de cassation sur cette matière; nous avons trouvé seulement dans le *Journal de Droit international* (1880) la décision suivante émanant du tribunal de Marseille. — Affaire Verane contre Amoretti.

La disposition de la loi de 1872, qui a déclaré nulle à l'égard de l'opposant toute négociation ou transmission postérieure au jour où le *Bulletin* est parvenu ou aurait pu parvenir, par la voie de la poste, dans le lieu où elle a été faite, atteint, sans distinction, toutes les négociations de valeurs au porteur soustraites par le vol, dès que le vol a pu être connu.

L'étranger, à qui sont transmises en pays étranger des valeurs françaises, c'est-à-dire créées en France, dont les produits et le capital se recouvrent en France, se soumet, en *devenant preneur*, à n'exercer que les droits de jouissance et de propriété qui sont déterminés par la loi française; il est soumis, par suite, aux revendications auxquelles sont sujets chez nous les propriétaires de titres au porteur qui ont été volés sur le territoire français et qui n'en sont sortis qu'à la suite du vol.

Dans une autre affaire, le tribunal de la Seine avait jugé dans le même sens. (*Droit* des 2, 3 et 4 nov. 1879.)

MM. Cohen et sons avaient acheté à la Bourse de Londres des obligations de l'Ouest frappées d'opposition par un sieur P... A l'assignation en mainlevée, P... répondait que ces titres lui avaient été volés et il en réclamait la restitution; les acheteurs anglais ne pouvant en être légitimes propriétaires puisque l'achat avait eu lieu au mépris de la loi du 15 juin 1872. MM. Cohen et sons soutenaient que les titres au porteur négociés en pays étranger ne pouvaient être protégés par la loi de 1872. Le tribunal n'accepta pas cette défense. « Attendu qu'il n'est pas fait d'exception en faveur des négociations faites en pays étranger; que ces ventes, pour être régulières, doivent être faites conformément à la loi française qui les régit; qu'autrement, sous prétexte de négociations faites en pays étranger, les dispositions de la loi du 15 juin 1872 seraient éludées par les voleurs ou recéleurs des valeurs mobilières perdues ou volées; que le législateur, au contraire, a voulu atteindre toute négociation faite postérieurement aux diligences prescrites par lui en faveur du légitime propriétaire; qu'il y a donc lieu de maintenir les oppositions dont se plaignent Cohen et sons et d'ordonner la restitution des titres à Parviller, auquel ils ont été volés, etc., etc. »

Dans un procès plus récent, du 2 février 1883, entre les mêmes parties (V. *Droit* du 22 avril 1883), une autre chambre du tribunal civil de la Seine juge de la même manière en déclarant que la loi du 15 juin 1872 n'a fait aucune distinction entre les opérations effectuées dans un marché public, en France ou à l'étranger.

Telle est la solution donnée par les tribunaux sur cette matière. Nous devons avouer que les décisions ne sont pas motivées de telle sorte qu'on puisse considérer la question comme définitivement fixée au point de vue juridique; mais il est à désirer que la Cour suprême, si elle est appelée à se prononcer, confirme les jugements cités plus haut.

Les vols de titres au porteur ne sont que trop nombreux : il ne faut pas enlever aux propriétaires dépossédés la chance de salut qui leur reste contre les tiers qui, à l'étranger, ont acheté de mauvaise foi, ou au moins imprudemment, des titres volés. Ceux qui, croyant avoir pour eux le *droit strict*, veulent faire considérer comme régulières ces acquisitions, auront de la peine, à notre avis, à faire triompher leur opinion.

CHAPITRE XXIV

Titres provisoires perdus, volés ou détruits. — Demande en délivrance de duplicata. — Libération des titres. — Preuves de la destruction.

On sait qu'une des innovations de la loi consiste à permettre au possesseur dépouillé d'obtenir, au bout *de dix ans*, des duplicata des titres perdus semblables aux premiers sans attendre les délais ordinaires de la prescription qui sont de trente ans.

On s'est demandé quelle était, au regard de la loi, la situation du porteur de titres provisoires en cas de destruction de ses récépissés. Il peut certes bénéficier de la loi, mais s'il n'apporte pas une preuve régulière et juridique de la libération des titres, il sera tenu de faire les versements imposés par la loi d'émission.

C'est ce qui a été jugé par le tribunal civil de la Seine, le 24 mars 1881, dans les circonstances de fait suivantes :

Un sieur C..., se prétendant souscripteur de cinquante-cinq obligations de la Ville de Paris, emprunt de 1869, déclarait qu'il avait confié, en septembre 1870, à un employé de la préfecture de la Seine ses récépissés provisoires portant, suivant lui, des estampilles qui indiquaient les versements opérés : cet employé aurait reçu ce dépôt pour échanger les reçus contre des titres définitifs, et le sieur C... avançait qu'il n'avait pu rentrer en possession de ses récépissés par suite de l'incendie de l'Hôtel de Ville et la disparition de celui entre les mains duquel il avait remis ses titres provisoires.

C... avait rempli les formalités voulues par la loi et obtenu une ordonnance dans les termes de l'article 3 ; mais le tribunal décida que cette ordonnance ne créait point un droit définitif et que, comme C... ne faisait pas la preuve des versements, il ne pouvait être fondé à réclamer au préfet de la Seine la délivrance de titres définitifs.

La fin de non-recevoir tirée du défaut de justification avait suffi pour faire écarter la demande formée par la Ville de Paris et le tribunal n'a pas statué sur le fond de la question qui nous intéresse. Il s'agissait, dans l'espèce, de titres *détruits dans un incendie :* or, dans ce cas, est-il nécessaire pour obtenir un duplicata des titres d'avoir recours aux formalités de la loi du 15 juin 1872, ou les juges peuvent-ils ordonner *de suite et sans conditions* la délivrance du duplicata demandé, suivant l'article 1348 du Code civil ?

La jurisprudence ne s'est pas encore prononcée sur ce point ; mais on trouve des éléments de décision dans l'étude des travaux préparatoires de la loi.

L'article 15 donne le moyen de se faire délivrer un nouveau titre : lorsqu'il se sera écoulé dix ans depuis l'autorisation et que, pendant dix ans, l'opposition aura été publiée sans que personne se soit présenté pour recevoir les intérêts, l'opposant pourra exiger de l'établissement débiteur qu'il lui soit remis un titre semblable et subrogé au premier.

Lorsque cet article fut proposé à l'Assemblée nationale, M. de Marcère présenta un amendement qui avait pour objet de permettre, *en cas de sinistre*, incendie, inondation, etc., d'obtenir *immédiatement* la délivrance de nouveaux titres en remplacement de ceux qui seraient détruits. Cet amendement était ainsi conçu : « Dans le cas où le propriétaire de valeurs mobilières fournit la preuve que ses titres ont péri dans un sinistre, il peut toujours réclamer de la Compagnie ou de l'établissement débiteur un titre nouveau en duplicata. S'il y a contestation, les tribunaux peuvent ordonner la délivrance du nouveau titre. »

Le rapporteur fit observer que la cas était prévu par l'article 1348 dn Code civil, et il ajouta : « Dans le cas où il serait démontré d'une manière *irréfragable*, sans qu'il pût y avoir sujet à erreur possible, que le titre a péri dans un sinistre, la Compagnie sera tenue de remettre un duplicata de ce titre au réclamant. »

L'amendement fut retiré.

(*Journal officiel* du 16 juin 1872. — Séance du 15 juin.)

D'après M. Buchère (*Commentaire de la loi du 15 juin 1872*), il eût été préférable d'accepter le principe de l'amendement, ce qui détruit toute incertitude sur une question délicate, tranchée bien vivement par le rapporteur, et sur laquelle les tribunaux n'ont pas encore eu à se prononcer.

La réponse du rapporteur rend, pour ainsi dire, matériellement impossible dans la pratique l'avantage que l'amendement avait pour objet de procurer en cas de sinistre : « Il faut que la destruction soit prouvée d'une manière irréfragable ». Tel n'est pas le texte de l'article 1348, qui laisse aux tribunaux un droit d'appréciation des preuves offertes. Si les tribunaux prennent pour guide l'observation du rapporteur, il n'y a guère qu'*un cas* où la destruction du titre pourra être prouvée : c'est celui où le titre aura été calciné dans un incendie, sans être entièrement brûlé, de sorte qu'on puisse encore en vérifier la nature et les numéros.

Nous en concluons que, *même en cas de sinistre*, le propriétaire dépossédé fera bien de suivre les formalités prescrites par la loi ; il devra, le plus souvent, attendre dix ans pour obtenir un duplicata de ses titres ; ce sera plus long, mais le résultat sera plus certain.

CHAPITRE XXV

Demandes en mainlevée d'opposition. — Dépréciation possible des valeurs dans le cours des procès.

En général, une opposition ne peut être faite entre les mains d'un tiers saisi sur un débiteur, que si le créancier est muni d'un titre quelconque (jugement, reconnaissance, billet à ordre, etc.) ou d'une ordonnance du président du tribunal : cela laisse supposer qu'une saisie-arrêt ne pourra être formée à la légère ou sans motif sérieux.

Il n'en est pas de même de l'opposition qui concerne les titres au porteur ; déjà, avant l'année 1872, il était admis *par l'usage* qu'un simple acte d'huissier, notifié aux Compagnies, suffisait pour arrêter le payement des coupons ; il n'y avait alors aucun moyen légal d'empêcher la négociation sur le marché des valeurs disparues.

Est survenue la loi du 15 juin 1872 sur les titres au porteur perdus ou volés qui a réglementé cet usage : elle permet « à tout propriétaire dépossédé par quelque événement que ce soit » de former opposition entre les mains des Compagnies et, de plus, de faire insérer les numéros dans un bulletin spécial. Cette publication a pour effet de mettre obstacle à la transmission des titres signalés.

On voit, de suite, combien ces dispositions sont avantageuses : la personne, volée ou non, n'a pas la moindre justification à fournir : elle n'est même tenue de donner aucun motif de son opposition.

La loi dit, dans l'article 2 : « L'opposant fera notifier un acte indiquant le nombre, la nature, les numéros des titres... il devra, *autant que possible*, énoncer les circonstances qui ont accompagné sa dépossession. »

Puis plus loin, à l'article 11 :

« L'opposant qui *voudra* prévenir la négociation des valeurs disparues devra signifier au syndicat des agents de change un acte renfermant les indications prescrites par l'article 2. »

La rapidité daus l'accomplissement de ces formalités étant une des premières conditions de réussite pour le propriétaire dépossédé, on comprend que le législateur ait écarté ce qui aurait pu occasionner un retard quelconque.

Il a songé avant tout aux intérêts de l'individu dépouillé ; cela s'explique si l'on se reporte à l'époque où a été votée la loi. Un grand nombre de titres, en effet, avaient disparu par suite des pillages qui furent la conséquence de l'invasion étrangère, des violations de domicile et des incendies qui accompagnèrent les tristes événements de 1871.

On s'est donc préoccupé des intérêts des propriétaires volés, sans songer aux inconvénients énormes qui pourraient résulter à un moment donné de cette facilité à arrêter la circulation de titres sur le marché.

Quelle source de difficultés et de périls pour les acheteurs et les intermédiaires, non moins dignes d'intérêt cependant que les autres, si des spéculateurs, dans un intérêt quelconque, décident de frapper d'interdit pour ainsi dire les titres de telle ou telle Société.

C'est cette question que nous examinerons aujourd'hui : elle offre actuellement un très grand intérêt à cause du nombre considérable de valeurs d'une certaine catégorie frappées d'opposition et possédées par des tiers porteurs de bonne foi.

Nous parlions plus haut de la saisie-arrêt ordinaire : dans ce cas, le président, par son ordonnance, laisse à l'intéressé la facuté de réclamer, s'il a été victime d'une mesure vexatoire ; mais en matière d'opposition sur les titres au porteur, pas de référé possible.

Il faut plaider au principal et soutenir un procès qui sera quelquefois long ; on voit que l'interdit auquel nous faisions allusion pourra durer même des années.

Et si encore l'opposition était arrivée assez tôt pour qu'aucun des titres litigieux ne fût négocié, le débat se trouverait restreint ; mais si l'opposition est survenue trop tard, et que, par suite, des négociations aient pu être faites pour être tout à coup interrompues, une nouvelle difficulté surgit : nous voyons intervenir un tiers porteur de bonne foi.

Quelle sera sa situation vis-à-vis du propriétaire dépossédé ?

Nous avons déjà expliqué plus haut et nous ne reviendrons pas là-dessus, qu'il n'a aucun recours contre son agent de change ou son banquier.

Ce n'est pas ce côté de la question qui nous occupe en ce moment : nous voulons examiner, au point de vue de la question de principe, les dangers très graves qui peuvent résulter, pour l'acheteur, de la résistance plus ou moins légitime d'un opposant.

Ces réflexions nous sont suggérées par la lecture d'un jugement rendu récemment dans les circonstances suivantes ; sans apprécier les faits, nous voudrions seulement en tirer une conclusion juridique :

Un sieur Pierre avance à X... cent mille francs contre le dépôt de cinq cents actions d'une Société.

Un reçu est délivré dans ces termes :

Reçu de Monsieur X..., en report non escomptable pour un an, cinq cents actions nᵒˢ..., intérêts perçus d'avance.

On prétendait donner à cette opération le nom de report, mais le tribunal n'y a trouvé aucun des caractères qui le déterminent, soit quant à la durée, soit pour les conditions ordinaires du prix de report, et a jugé que c'était un véritable prêt sur titres.

C'est ainsi que X..., s'apercevant que Pierre, le prêteur de fonds, *faisait vendre une partie de son gage,* s'est empressé de pratiquer une opposition.

D'après lui, le créancier n'avait pas le droit de disposer des valeurs remises avant l'échéance de la dette et sans l'accomplissement des formalités voulues par la loi.

Voici, en résumé, le sens du jugement rendu :

Attendu que Pierre prétend que X... lui aurait vendu 500 actions ;

Que, comme propriétaire, il demande la mainlevée, mais que X... soutient qu'il n'a pas vendu les titres à Pierre ; qu'il ne les lui a remis qu'en gage ;

Attendu que X... prétend qu'il est resté propriétaire des valeurs, lesquelles ne seraient qu'en dépôt ;

Qu'il convient de déterminer la nature du contrat... ; qu'il ne suffit pas de donner à l'opération le nom de report, etc., etc. ; Par ces motifs, le tribunal déclare Pierre mal fondé dans sa demande de mainlevée.

Ainsi, l'opposition subsistera : mais, qu'on n'oublie pas les mots soulignés ci-dessus, *une partie du gage a été vendue* avant toute opposition ; donc, un certain nombre de valeurs, déjà considérable peut-être (puisque l'opposition frappait cinq cents titres), se trouve entre les mains soit de clients, soit d'agents de change ou de banquiers qui ne pourront en disposer tant que durera le procès entre le prêteur et l'emprunteur.

Nous ne mettons pas en doute la sincérité de leurs récriminations récriproques, mais, qu'on nous passe l'expression un peu familière, c'est sur le dos des tiers porteurs de bonne foi qu'ils se battent. Ceux-ci, certes, obtiendront forcément la mainlevée.

Mais dans quel délai?

Le procès, si vite mené qu'il soit, durera toujours un certain temps, et dans l'intervalle n'a-t-on pas le droit de craindre une dépréciation plus ou moins grande des valeurs en litige?

Les propriétaires de ces titres n'auront plus qu'une ressource : demander des dommages-intérêts qui leur seraient accordés sans aucun doute, mais c'est un mince résultat si l'on songe que l'opposant a pu devenir insolvable : or, le fond du débat repose déjà sur un emprunt, ce qui ne serait pas de bon augure pour les porteurs.

Le magistrat est obligé d'appliquer la loi telle qu'elle est. C'est, dans ce cas, nous ne saurions trop le répéter, qu'il y a lieu de regretter que la loi ne permette pas d'obtenir prompte justice : en référé, par exemple. Qu'entre l'opposant et le prêteur, comme dans notre espèce, il puisse y avoir un débat sérieux, soit! Mais les clients acheteurs ou les intermédiaires qui se trouvent nantis des titres frappés d'opposition? Ces contestations ne devraient pas les concerner; ils en sont cependant les premières victimes. L'emprunteur a commencé par toucher une somme de cent mille francs, et a eu le tort de signer un contrat ambigu ; quant à eux, ils n'ont pas la moindre imprudence à se rapprocher, et cependant ils courent les plus grands risques.

Pendant que ces débats s'agiteront devant eux sur la question de savoir s'il y a prêt sur gage ou report, les acheteurs devront assister, pour ainsi dire, les bras croisés, à l'effondrement de leur fortune, sans pouvoir rien faire pour s'y opposer.

Tel est le point que nous avons voulu examiner, dans l'état actuel de la législation, sur les effets possibles des oppositions mises sur des quantités considérables de valeurs. A ce titre, l'espèce visée par le jugement que nous avons cité plus haut, mérite, pensons-nous, d'être signalée à l'attention du monde des affaires .

CHAPITRE XXVI

Hausse du cours des valeurs pendant les procès. — Revendication aux termes de l'article 2280. — Situation de l'acquéreur de bonne foi.

Les procès sont très longs : tout le monde le sait et le déplore ; de qui cela dépend-il et y a-t-il un moyen de remédier à cet état de choses ? Nous n'avons pas à le rechercher ici. Ces délais pendant lesquels les plaideurs attendent si longtemps la solution des difficultés soumises aux tribunaux ont des inconvénients plus ou moins graves, suivant la cause même à juger : nous voulons simplement, pour notre part, examiner les conséquences possibles de ces retards lorsque les procès concernent des valeurs dont les cours sont susceptibles de variations.

Nous disions plus haut, à propos d'oppositions mises sur un grand nombre d'actions faisant l'objet d'un *report libre :* « La mainlevée sera certes obtenue ; mais *dans quel délai ?* »

Le procès durera forcément un certain temps, et dans l'intervalle n'a-t-on pas le droit de craindre une dépréciation plus ou moins grande des valeurs en litige ?

L'acheteur de bonne foi devra-t-il être témoin de sa propre ruine sans pouvoir rien faire pour l'empêcher ?

Hélas ! oui. Sa seule ressource est de demander des dommages-intérêts qui seront peut-être accordés… ; nous ne parlons pas du payement…, les tribunaux n'ont pas à se préoccuper de l'insolvabilité plus ou moins probable de la partie condamnée !

Encore faut-il, en fait de demande de dommages-intérêts, ne pas s'engager à la légère. On sait qu'en général les tribunaux n'en accordent guère dans les affaires de cette nature ; ils se bornent le plus souvent à condamner l'opposant aux dépens en déclarant qu'*aucun préjudice* n'a été causé. Pas de préjudice ! mais si, dans l'intervalle, la valeur a diminué de moitié ?

Vers 1875 un procès était engagé au sujet d'obligations Ottomanes entre un sieur C…, qui se prétendait victime d'un vol, et différents tiers porteurs.

Les obligations, dont le cours était de 330 francs environ au début de l'instance, valaient près de 40 francs quand l'arrêt fut rendu en février 1876.

Les acquéreurs avaient cependant conclu à des dommages-intérêts qui leur furent refusés, « attendu, disait la Cour, qu'il n'était pas justifié que les demandeurs eussent *l'intention de vendre leurs titres dans les cours élevés.* »

D'où nous tirons cette conclusion absolument *pratique*, car ce n'est pas une question de procédure que nous entendons soumettre ici aux lecteurs : lorsqu'un acquéreur se trouvera en présence d'une opposition, il devra d'abord faire déclarer, par voie d'huissier, que le titre vaut tant : qu'il le vendrait si l'opposition ne le rendait pas indisponible, et qu'en conséquence il entend rendre responsable l'opposant d'une dépréciation possible des cours... le jour (éloigné peut-être) où la justice prononcerait la mainlevée !

Voici une autre espèce se rapportant à un procès commencé en 1875 et terminé en juin 1881 ! Il s'agit d'une obligation de restituer des titres, *sinon leur valeur*, à la date du jugement; au moment de l'exécution des décisions définitives, la variation des cours a amené une contestation très intéressante à signaler.

Le sieur G... avait remis en dépôt à la *Compagnie générale des Eaux* cent actions de cette Société. Ces titres avaient été confiés à un sieur B..., caissier de la Compagnie, qui les détourna, et fut condamné pour ce fait par la cour d'assises de la Seine. M. G... actionna la *Compagnie générale des Eaux* devant le tribunal civil de la Seine en restitution de ses actions ou, à défaut, en payement de leur valeur *au jour du jugement*. Cette demande fut accueillie par un jugement du *25 août 1876*, aux termes duquel la Compagnie était condamnée à restituer au sieur G..., dans le mois de la signification, les cent actions, sinon à payer la valeur des titres au jour du jugement.

La *Compagnie des Eaux* interjeta appel de cette décision ; mais, par arrêt en date du *16 juillet 1878*, la Cour de Paris confirma purement et simplement la sentence des premiers juges.

M. G... poursuivit l'exécution, et comme la Compagnie refusait de lui remettre les titres en nature et que *la valeur* en avait augmenté pendant l'intervalle de *deux* ans écoulé entre le jugement et l'arrêt, il réclama le payement de la somme représentant la valeur des titres au *jour de l'arrêt*. La Compagnie refusa, prétendant qu'elle devait la valeur des titres *au jour du jugement*. Or, à ce moment, les actions valaient 1,070 francs, tandis que deux ans après, lors de l'arrêt, elles étaient cotées 1450 francs, ce qui faisait 380 francs par titre, et pour cent titres, 38,000 francs. L'affaire, on le voit, avait une certaine importance.

On demanda donc à la Cour d'interpréter son arrêt « qui confirmait *purement et simplement* le jugement ordonnant, comme on l'a vu, la remise des titres au sieur G... ou le payement de leur valeur au jour du jugement. »

La Cour répondit qu'elle n'avait rien à interpréter ; qu'il

s'agissait non d'une question d'interprétation, mais d'une question d'exécution ne relevant pas de sa juridiction.

Ce procès entamé en 1875 recommença donc sous une autre forme : la *Compagnie des Eaux* fit offres au sieur G... de la valeur des actions calculées au cours de 1070 francs.

M. G... refusa ces offres que le tribunal de la Seine, du reste, déclara insuffisantes le 25 mai 1880. Nouvel appel par la *Compagnie des Eaux ;* et enfin le 16 juin 1881, c'est à-dire près de six ans après les premiers débats engagés, intervint un nouvel arrêt confirmatif qui déclara que la *Compagnie des Eaux* devait payer au sieur G... la valeur des titres au cours du jour de l'arrêt du 16 juillet 1878, soit à 1450 et non à 1070.

C'était, en effet, de la part de la Compagnie, jouer sur les mots que de vouloir tenir compte *strictement de la lettre* du jugement et non de l'esprit qui l'avait dicté.

C'est par une juste appréciation des principes du droit commun en cette matière que le second arrêt a décidé que, à raison de l'effet suspensif de l'appel, la somme à rembourser devait être calculée d'après la valeur des titres, à la date de l'arrêt confirmatif du 16 juillet 1878, puisque c'était *alors seulement* que l'exécution du jugement frappé d'appel était devenue possible.

Nous ne faisons que citer ces décisions très intéressantes sans en commenter les motifs pour ne pas tomber dans une question de procédure pure et simple. Notre but, en rappelant ces arrêts, n'est que de mettre en évidence les contestations que peut soulever la variation des cours des valeurs faisant l'objet de procès.

Une difficulté d'une nature toute spéciale peut aussi naître dans des circonstances que nous expliquerons brièvement.

On sait que lorsque le possesseur d'une chose volée ou perdue l'a achetée dans un marché, dans une vente publique, ou d'un marchand vendant des choses pareilles, le propriétaire volé ne peut se la faire rendre qu'en remboursant au possesseur le prix qu'elle lui a coûté. (Article 2280 du Code civil.)

Avant de voir les conséquences de cet article et son application aux titres au porteur, posons bien le principe : Le titre a été perdu ou volé, le propriétaire a fait la preuve et on ne se trouve plus dans le cas de l'application de la maxime : En fait de meubles, possession vaut titre. Le propriétaire volé revendique sa chose et le détenteur prouve qu'il l'a achetée de bonne foi ; le revendiquant *doit rembourser le prix d'achat,* mais si les titres, depuis cet achat, valent 200 ou 300 fr. de plus, l'acquéreur se verra donc *frustré d'un bénéfice* sur lequel il était en droit de compter.

Voilà une application de l'article 2280 à laquelle les rédacteurs du Code n'avaient certes pas songé. La fortune mobilière tenait alors très peu de place dans la richesse publique et les législateurs ne s'en préoccupaient guère. Cependant les règles du droit commun, suffisantes peut-être jusqu'à un certain point en ce qui concerne les objets mobiliers proprement dits, amènent des résultats inéquitables à l'égard des titres au porteur.

Nous ne connaissons pas de décision judiciaire sur ce point ; nous croyons que le juge ne pourrait faire autrement qu'appliquer la loi : mais ce droit d'option laissé au volé, soit de renoncer à son opposition, soit de rembourser le prix d'achat *lorsque les titres ont augmenté de valeur*, est-il bien juste ? Est-il logique que le tiers porteur qui a en portefeuille, depuis un an ou deux, de bonnes valeurs, régulièrement acquises, se voie enlever le montant de la plus-value de ses titres ?

〜〜〜〜〜〜

TROISIÈME PARTIE

SOCIÉTÉS ANONYMES — APPEL DE FONDS

CHAPITRE XXVII

Faillites. — Appels de fonds par le syndic. — Recours des acquéreurs successifs. — Le banquier est-il considéré comme propriétaire des titres, ou comme intermédiaire ?

Les procès occasionnés par la faillite de la Société anonyme *le Crédit rural de France* sont de ceux qui ont soulevé le plus d'émotion dans le monde des affaires. Nous ne ferons que tracer brièvement les lignes principales de ces grands débats pour arriver au point spécial que nous croyons devoir signaler ici.

Les questions de principe ont été tranchées par deux arrêts de la Cour de cassation : de nouvelles contestations surgissent maintenant, chaque jour, entre les clients et les banquiers au sujet de la responsabilité de ces derniers. Ce côté de l'affaire nous paraît intéressant à examiner.

Après que la Société *le Crédit rural* eut été déclarée en faillite, le syndic reconnut que, sur un grand nombre de titres, il n'avait été versé que 250 fr. au lieu de 500 fr., montant intégral des actions. Il assigna les porteurs en payement de la somme de 250 fr. pour compléter le versement auquel ils étaient tenus. Ceux-ci invoquèrent la prescription de deux ans édictée par l'article 3 de la loi du 24 juillet 1867. Cet article n'a été adopté au Corps législatif qu'après une discussion longue et obscure : sa rédaction ambiguë a donné lieu à de fréquentes difficultés auxquelles mettra fin, nous l'espérons, la nouvelle loi qu'on prépare.

Disons de suite qu'un arrêt de la Cour de cassation, du 21 juillet 1879, a déclaré ceci :

« Est nulle la délibération d'une assemblée générale autorisant la conversion des actions nominatives en actions au porteur, avant que toutes les actions soient libérées de moitié.

» La prescription de deux ans, édictée par l'article 3 de la loi du 24 juillet 1867, ne court point en ce cas, et les détenteurs **des** actions, à quelque titre que ce soit, sont tenus de verser le complément de la souscription. »

Par suite, il est fait application de l'article 1845, C. civ., qui dit « que chaque associé est débiteur **envers** la Société de tout ce qu'il a promis d'y apporter », et de l'article 2092, énonçant que « quiconque s'oblige personnellement, est tenu de remplir son engagement sur tous ses biens, mobiliers et immobiliers, présents et à venir. »

D'après le droit commun, l'actionnaire, en entrant dans la Société, s'engage à verser le montant intégral des actions dont il est titulaire; alors même qu'il a cédé ses titres, il reste l'obligé de la Société, car un débiteur ne peut se libérer en se substituant un tiers, si le créancier n'a pas expressément déclaré qu'il entendait le décharger.

Ainsi, tandis que le cessionnaire devient, par le fait même de la possession du titre, l'obligé de la Société, le cédant demeure également tenu, par suite de son obligation personnelle, de libérer les actions qu'il a transmises. On voit donc que la cession a eu pour résultat de donner au syndic de la faillite *deux débiteurs*, entre lesquels il a la liberté de choisir, et qu'il peut même poursuivre simultanément.

Les détenteurs successifs d'actions nominatives peuvent être assignés en payement des termes arriérés, et les cédants auront un recours contre leurs cessionnaires. Tels sont les effets de l'arrêt du 21 juillet 1879.

En fait, la situation des actionnaires du *Crédit rural*, ainsi pourchassés par le syndic de la faillite, est assez singulière : ils ont acheté en 1873, par exemple, des actions *au porteur*, entendant profiter des avantages attachés aux titres de cette nature, et, en réalité, ce sont des valeurs *nominatives* qu'ils ont acquises.

Pouvaient-ils prévoir que six ans plus tard un arrêt de cassation annulerait une délibération prise en 1872 par l'assemblée générale ?

Pouvaient-ils se douter, après avoir peut-être déjà vendu leurs titres avec perte, que près de dix ans plus tard, ils se verraient encore poursuivis pour payer 250 fr. par action ?

Aussi comprend-on l'intérêt qu'ils avaient à connaître leur

acheteur ou du moins un cessionnaire médiat qui fût solvable.

Là se pose la question sur laquelle nous voulons fixer un instant l'attention, et qui intéresse au plus haut point, à notre avis, les clients dans leurs rapports avec les banquiers. On voit l'importance qu'il y a pour l'actionnaire poursuivi à être mis en présence d'un *acheteur* solvable contre lequel il exercera son recours.

Il ne faut pas confondre l'acheteur avec l'intermédiaire.

Pour l'agent de change, la question ne fait aucun doute : il n'est que mandataire, et pourvu qu'il révèle le nom de l'acquéreur, ainsi qu'il y est contraint par un arrêt de cassation du 8 août 1882, le voilà hors de cause complètement.

Mais le nom indiqué d'après les livres de l'agent de change sera quelquefois celui d'un changeur ou d'un banquier. Celui-ci pourra-t-il aussi répondre qu'il n'est qu'un intermédiaire ?

La question a été soumise à différentes reprises au tribunal de commerce, dont la jurisprudence ne nous paraît pas encore fixée.

En procédant par ordre de date et pour ne choisir que quelques exemples frappants, nous trouvons le 11 février 1880 un jugement du tribunal de commerce rendu dans les circonstances suivantes :

Un sieur L..., souscripteur de quatre actions, avait requis le 15 mars 1873 leur conversion en titres au porteur; comme dernier détenteur des titres nominatifs, il dut les libérer, sauf recours contre les acheteurs.

La *Société Générale* avait vendu pour son compte les quatre actions : une à un sieur M..., les trois autres à M. E..., agent de change. Il a été jugé que la *Société Générale* n'avait été qu'un intermédiaire, et qu'ayant rendu compte de son mandat, elle avait satisfait aux conclusions de L... Celui-ci fut en conséquence débouté de sa demande en garantie contre la *Société Générale*.

Dans les mêmes circonstances, un sieur G... avait appelé en cause M. T..., agent de change. Le 21 avril 1880, le tribunal déclarait que T..., agent de change, n'avait été qu'un intermédiaire et non un acheteur personnel ; qu'il ne pouvait être tenu qu'à révéler le nom de l'acquéreur : que dès lors l'appel en garantie était mal fondé.

Dans ce cas, l'actionnaire devait d'autant plus vraisemblablement succomber que le syndic de la faillite lui avait fait connaître dans l'assignation tous les acheteurs successifs : c'est sans doute en désespoir de cause et n'ayant pas trouvé parmi ceux-ci de cessionnaire solvable, qu'il avait engagé l'action contre l'agent de change.

Voici maintenant des décisions défavorables aux banquiers.

Le 17 mai 1882, le tribunal (V. *Droit* du 8 juin 1882) déclarait que le banquier qui avait fait par le ministère d'un agent de change un achat d'actions non entièrement libérées *sans dire qu'il agissait pour le compte d'un tiers,* était *personnellement* responsable de la libération complète des titres.

Attendu, était-il énoncé au jugement, que les agents peuvent seuls négocier les effets publics, et faute par S..., mandataire, d'avoir fait connaître en quelle qualité il agissait, etc., etc.

Citons encore, en deux mots, une affaire Deroyer Grandjean et Plague, jugée le 22 mars 1882.

Le client vendeur, M. Deroyer, avait été obligé de verser 1,000 fr. pour cinq actions : mais ayant appris que les titres avaient été achetés par M. Eggly, agent de change, pour le compte de M. Grandjean, changeur, il avait assigné ce dernier.

Pour résister à cette demande, M. Grandjean avait invoqué *sa qualité de changeur* qui faisait supposer qu'il n'était que mandataire ; et en donnant le nom de son client Plague, il prétendait que Deroyer n'avait d'action que contre ce dernier.

Le tribunal a déclaré que le rôle d'intermédiaire appartenait seulement à M. Eggly, agent de change, et que le changeur ayant donné l'ordre, pour son compte, *sans indiquer le client pour lequel il opérait,* était personnellement responsable de la libération des titres.

L'énumération de ces jugements est peut-être monotone, mais ces citations nous ont semblé indispensables pour bien préciser la question : elles nous dispensent de plus longs commentaires.

Le point à retenir est que, d'après le tribunal, la faute des changeurs ou banquiers a été de ne pas avoir déclaré leur qualité de mandataire, qui ne ressort pas de la loi même, comme lorsqu'il s'agit de l'agent de change.

Ainsi, faut-il considérer comme *cessionnaire* le banquier qui a acheté les titres par l'intermédiaire d'un agent de change et qui prétend avoir été le *mandataire* d'un client dont il offre de donner le nom : question d'une importance capitale pour les établissements de crédit et les maisons de banque !

Voici une dernière décision plus récente que nous croyons indispensable de citer pour compléter notre examen. (Tribunal civil de la Seine, 2e chambre, 23 juin 1883. Affaire Leblanc-Bejot. *Crédit Lyonnais.)*

Il s'agissait d'actions du *Crédit Rural* vendues en Bourse par un sieur Leblanc et achetées par l'intermédiaire d'un agent de change pour le *Crédit Lyonnais*. Le syndic de la faillite poursuivant tous les propriétaires d'actions en payement de 250 francs, le *Crédit Lyonnais* alléguait, pour sa défense, qu'il n'avait pas acheté pour son compte, mais pour celui de son client, M. Renaud ; qu'il n'avait été qu'un intermédiaire, et que, par suite, il n'avait jamais été propriétaire des titres.

« Attendu, dit le tribunal, que le *Crédit Lyonnais* a fait chez l'agent de change l'opération pour son compte personnel ; qu'il est vis-à-vis de l'agent l'acheteur réel et ostensible ; que c'est à lui que l'agent a fait confiance ; que c'est bien lui et non un autre tiers absolument inconnu que l'agent avait l'*obligation* de désigner en vertu de l'arrêt de la Cour de Paris du 8 juillet 1881, lequel arrêt a enjoint de faire connître à Leblanc l'acheteur des dix actions litigieuses ;

» Attendu que le *Crédit Lyonnais* a agi comme commisionnaire ; qu'il pouvait, en cette qualité, agir en son nom ou au nom de Renaud ; que, dans le premier cas, il s'est directement obligé envers celui avec qui il a contracté comme si l'affaire lui était propre ; qu'en effet Renaud est sans aucun droit contre Leblanc et qu'il en est de même de Leblanc contre Renaud ;

» Attendu que ces principes étant admis, il y a lieu de condamner le *Crédit Lyonnais* à garantir Leblanc du montant des condamnations obtenues contre lui par le syndic de la faillite du *Crédit Rural :* par ces motifs, etc., etc., etc. ».

On voit que si la jurisprudence se fixait définitivement dans ce sens, les *intermédiaires* autres que les agents de change seraient considérés comme des *acheteurs ordinaires* et, comme tels, condamnés à garantir les souscripteurs ou les actionnaires qui sont sous le coup d'appels de fonds.

La question est très grave, on le comprend sans peine, pour les deux parties en cause : l'actionnaire sera plus tranquille s'il a, pour le couvrir, une Société de crédit solvable. Mais cette dernière admettra-t-elle qu'elle puisse être *personnellement* responsable de la libération des titres ?

Plusieurs jugements qui condamnent les banquiers à faire des versements et ne leur laissent pas la qualité de simples intermédiaires énoncent que leur tort avait été de ne pas déclarer, en donnant les ordres, qu'ils agissaient pour le compte de tiers.

On peut dire, sans crainte de se tromper, que cette faute, si faute il y a, est commune à tous les établissements de crédit, qui n'ont guère l'habitude d'informer leurs agents de change que leurs opérations sont faites pour telle ou telle personne.

Nous ne parlons pas, bien entendu, des titres nominatifs, pour lesquels le banquier fournit en vue des transferts, les noms de ses clients ; mais il n'en n'est pas de même s'il s'agit de valeurs au porteur.

Ainsi, un banquier qui ferait en Bourse, par le ministère d'un agent de change, un achat d'actions non libérées sans dire qu'il opère pour le compte d'un tiers, resterait *personnellement* responsable de la libération complète des titres.

Cette solution paraît excessive si le banquier peut prouver qu'il ne faisait qu'accomplir un mandat, et elle amènerait même des résultats singuliers.

Il arrive parfois qu'un banquier de petite ville n'a pas de correspondance avec un agent de change de Paris ; il donne ses ordres à un banquier qui opère directement à Paris. Ces deux banquiers seraient donc des acheteurs effectifs, et pour une seule négociation réalisée par l'agent il y aurait trois acheteurs responsables, dont deux seraient des acheteurs involontaires.

Nous inclinons à croire que le banquier agit bien en son nom, comme un commissionnaire, parce qu'il est responsable vis-à-vis de l'intermédiaire légal ; mais il n'est pas acheteur pas plus que ce dernier ; il pourra prouver qu'il n'a jamais voulu l'être s'il n'a reçu que le mandat de se substituer à un agent de change.

Du reste, si on le considérait comme acheteur des titres, la vente qu'il ferait à son tour serait nulle aux termes de l'article 76 du Code de commerce.

Ainsi que le dit M. Buchère dans son *Traité des opérations de Bourse :* « En transmettant les ordres de son client, le banquier, le notaire, n'interviennent en aucune manière dans la négociation, dont le monopole est réservé aux agents de change ; ils ne mettent pas *en relation l'acheteur avec le vendeur et ne prennent aucune part au marché.* Ils ne connaissent que l'une des parties, et ils servent d'intermédiaires, non pas entre cette personne et l'autre partie contractante, mais entre l'une des parties et l'officier public auquel elle est obligée de s'adresser pour que la négociation soit régulière.

« C'est là le seul rôle du mandataire, qui transmet à l'agent de change de Paris l'ordre qu'il a reçu » ; et nous ajouterons que l'accomplissement pur et simple de son mandat ne saurait avoir pour lui d'autres conséquences au point de vue de la libération des titres.

CHAPITRE XXVIII

Interprétation de l'article 3 de la loi du 24 juillet 1867 dans les procès du Crédit Rural.

Les appels de fonds provoqués par les Sociétés ou par les syndics, s'il y a eu faillite, préoccupent assez le public pour que nous ne craignions pas d'insister sur cette question. Nous avons expliqué, à propos du *Crédit Rural de France*, que les détenteurs successifs des actions de cette Société pouvaient être assignés en payement des termes arriérés, et que le syndic avait la liberté de choisir entre plusieurs débiteurs, que parfois même il poursuivait simultanément. Nous insistions surtout sur l'intérêt qu'avaient ceux-ci à connaître leur acheteur, ou, du moins, un cessionnaire médiat qui fût solvable ; mais ce que nous examinions principalement, c'était la situation des changeurs ou banquiers qui, faute d'avoir déclaré leur qualité de *mandataires*, ont été condamnés à faire les versements comme s'ils étaient *propriétaires* pour leur compte.

Nous revenons sur ce sujet à un point de vue plus général, maintenant que des arrêts de la Cour de cassation ont fixé la jurisprudence des tribunaux sur l'application de l'article 3 de la loi du 24 juillet 1867.

Sauf quelques différences que nous signalerons au passage, les décisions rendues dans l'affaire du *Crédit Rural* établissent les véritables principes en matière de libération d'actions et de recours des cessionnaires les uns contre les autres.

Voici comment les faits se présentent : A la date du 6 juillet 1872, les actionnaires de la Société le *Crédit Rural de France* votaient « la conversion des actions libérées de moitié en titres au porteur ». Le 23 mars 1877, le Tribunal de commerce déclarait cette Société en état de faillite. *Plus de deux ans* s'étaient écoulés entre la délibération qui avait autorisé la conversion des titres et la déclaration de faillite ; il semblait que tous les souscripteurs ou possesseurs primitifs étaient libérés par la *prescription biennale* édictée par l'article 3 de la loi de 1867.

Mais un premier arrêt de la Cour de cassation du 21 juillet 1879 *annulait* la délibération de l'assemblée : donc plus de prescription possible à opposer, et, en outre, la situation des actionnaires était singulièrement modifiée ; ils croyaient avoir acheté des titres au porteur et, en réalité, c'étaient des valeurs nominatives qu'ils se trouvaient avoir acquises.

Ne nous occupons pas de l'annulation de la délibération qui se rapporte à l'espèce spéciale du *Crédit Rural;* mais la Cour a *généralisé* la question le 17 août 1878 en déclarant ceci : Attendu, en supposant que la conversion des actions ait été régulièrement délibérée et votée ; que, *même dans cette hypothèse,* tout DÉTENTEUR actuel d'actions au porteur ou nominatives, souscripteur primitif ou cessionnaire, est tenu d'acquitter personnellement le montant intégral des actions, *même après deux ans écoulés :* tel est le sens dans lequel se trouve définitivement interprété cet article 3 de la loi de 1867 qui, après avoir soulevé de longs et obscurs débats au Corps législatif, est encore aujourd'hui l'objet de tant de discussions parmi les plus savants jurisconsultes.

On en revient purement et simplement aux principes du droit commun et il en résulte ceci :

Chaque associé est débiteur envers la Société de tout ce qu'il a promis d'y apporter, et dans le cas d'une Société anonyme ou en commandite, chaque actionnaire doit acquitter le montant de son action qui forme son apport et constitue la garantie des tiers. Si la loi de 1867 y a dérogé par son article 3, il s'agit d'une *exception* qu'il faut restreindre d'après les termes *rigoureux et précis* dans lesquels elle est conçue.

Il est établi que tout *détenteur* d'actions nominatives ou au porteur, souscripteur primitif ou cessionnaire, devra verser.

La loi, en autorisant la conversion des actions au porteur dans certaines conditions, n'a pas entendu décharger les actionnaires de leur engagement.

Elle décide, pour le cas d'une transmission faite d'ailleurs sans fraude et de bonne foi, que les souscripteurs primitifs demeureront tenus du versement nonobstant le transport qu'ils ont fait à d'autres, seulement pendant un délai de deux ans à partir de la délibération de l'assemblée générale, et elle permet, dans ces conditions, au souscripteur primitif ou au cessionnaire, de s'affranchir, lorsqu'il se retire de la Société, de l'obligation qui lui incombait. Mais celui qui a *conservé* ses titres ne saurait, *sous aucun prétexte,* se soustraire à l'obligation de payer le montant total de l'action, à quelque moment qu'on lui réclame.

La conversion en titres au porteur modifie les règles relatives à la *négociation* des actions, mais elle n'implique nullement une dérogation aux engagements contractés envers la Société et qui peuvent recevoir leur exécution, après comme avant la transformation des titres.

Certes, le changement apporté à la forme des titres rend plus difficile, en fait, la recherche et la preuve de leur transmission ; mais ceux qui les détiennent, *quand ils sont connus,* restent *toujours* soumis aux obligations inhérentes à leur qualité d'associés.

Même dans leurs *statuts*, les fondateurs d'une Société ne pourraient modifier les règles que la loi a établies dans un intérêt d'ordre public et dispenser, hors des cas spécialement prévus, les actionnaires du versement intégral des actions.

Telle est l'interprétation que fait la Cour de cassation de l'article 3 de la loi de 1867.

On avait cependant le droit de croire, disaient les partisans de l'opinion contraire, que ces mots « *les actions peuvent être converties en actions au porteur* » n'avaient de sens que s'ils signifiaient absence de responsabilité pour le payement du solde ; comment, en effet, rechercher les porteurs d'actions qui ne seraient pas nominatives pour exiger d'eux la libération du solde ?

La Cour ne s'est pas arrêtée à cette considération : elle a reconnu qu'en fait ce serait assez difficile, et elle a passé outre. Notons cependant qu'il ne suffirait pas d'alléguer qu'un sieur X… a possédé, à tel moment, des actions au porteur pour l'obliger à les libérer ; il faudrait, à notre avis, prouver que le sieur X… les a conservées, qu'il les détient. C'est *le titre qui doit* et non un des cédants successifs. C'est dans ces circonstances que la *Banque Européenne* ayant mentionné dans un bilan qu'elle *avait entre les mains un certain nombre d'actions* de la *Banque Franco-Hollandaise*, le syndic de cette dernière Société a fait condamner la *Banque Européenne* à verser 250 francs par titre.

Il faut ajouter, du reste, que, dans la pratique, les acheteurs ne versent pas complètement le prix nominal, mais qu'ils sont censés conserver la part non payée afin de répondre aux appels de fonds éventuels.

Pour en revenir au cas spécial des propriétaires d'actions du *Crédit Rural*, les conséquences de ces arrêts étaient particulièrement rigoureuses : ils avaient voulu acheter des titres au porteur précisément parce qu'*ils étaient au porteur*: ils entendaient les revendre, si bon leur semblait, transmissibles par simple tradition et ne laissant aucune garantie attachée à chaque passage des valeurs d'une main dans une autre ; et c'étaient des titres affectés d'un vice caché, disaient-ils, qui leur avaient été livrés.

Pouvaient-ils prévoir qu'un arrêt viendrait, plusieurs années après leur achat, annuler une délibération d'assemblée générale et transformer, pour ainsi dire, en actions nominatives des actions achetées comme étant au porteur ?

Sur ce point, la Cour leur répondit « qu'ils n'avaient qu'à se reporter à la délibération du 6 juillet 1872 pour se convaincre qu'elle avait été prise irrégulièrement et contrairement aux prescriptions

de la loi. » Nous nous bornons à constater cette décision rendue
par la Cour de cassation le 8 avril 1882 et à souhaiter que ces circonstances ne se présentent que le plus rarement possible, car
voici quelles en seraient les conséquences : à moins d'*avoir le don
de prophétie*, tout acquéreur d'un titre *au porteur* non libéré,
même *quand il l'a vendu* et que plus de *deux ans* se sont écoulés
depuis l'assemblée générale, peut se trouver sous le coup d'un appel de fonds dix ou quinze ans après son acquisition. Il a son recours contre l'acheteur... s'il le retrouve.

CHAPITRE XXIX

**Société anonyme en liquidation. — Titres au porteur. — Appels
de fonds. — Demande en révélation du nom de l'acheteur.**

La question que nous venons d'examiner serait incomplètement
traitée, si nous négligions de mettre sous les yeux de nos lecteurs
un jugement rendu par le tribunal de commerce de Lyon le
30 décembre 1882. Cette décision est, sur bien des points, en con- .
tradiction avec les arrêts de la Cour de cassation relatifs au procès
du *Crédit Rural*. Cependant, disons de suite, pour laisser au jugement que nous allons énumérer toute l'importance qu'il mérite,
que l'interprétation donnée par la Cour suprême à l'article 3 de la
loi du 24 juillet 1867 a soulevé bien des critiques de la part des
jurisconsultes ; cet arrêt a notamment fait l'objet d'une savante
dissertation de M. Paul Pont, qui le combat (V. *Journal des Sociétés civiles et commerciales*, février 1880), et il se peut que les
juges de Lyon se soient inspirés de l'opinion de l'éminent magistrat.

Voici quels sont les faits :

La Société de l'*Association financière lyonnaise* a été dissoute le
13 mai 1882 ; le liquidateur a adressé aux porteurs d'actions un appel de 125 fr. par titre, représentant le troisième quart du capital
social. Cet appel étant resté sans résultat, il a fait assigner tous
les *souscripteurs*, en vertu de l'article 3 de la loi du 24 juillet 1867
qui *retient leur responsabilité pendant deux ans* à partir de la mise
des titres au porteur.

Cette prescription de deux ans n'est point acquise aux souscripteurs : parmi eux figure l'*Omnium Marseillais* pour cent actions ; à
cet égard, aucune contestation n'existe entre les parties. Sur les
12,500 fr. formant le montant du troisième quart réclamé, l'*Omnium Marseillais* a versé 6,250 francs, pour libérer d'autant 50 ac-

tions vendues par l'entremise de M. H..., agent de change à Lyon ; mais, au moment du versement, l'*Omnium* a réservé tous ses droits, soit *contre l'agent de change*, soit *contre ses acheteurs ;* pour les 50 autres actions, les parties avaient convenu de surseoir : le tribunal n'avait donc à examiner que l'appel en garantie introduit par l'*Omnium* contre l'agent de change.

Cette Société demandait que H... fût tenu de lui révéler le nom de l'acheteur, et, à défaut, de la garantir de toutes condamnations éventuelles.

A l'appui de ce système, l'*Omnium Marseillais* ne pouvait mieux faire, croyait-il, que de s'emparer des questions de principe tranchées le 8 août 1882 par la Cour de cassation que nous avons examinées et qui se résument ainsi :

1° Les principes généraux du contrat de Société (articles 1845 et 2092 du Code civil) font de l'associé le débiteur de tout ce qu'il a promis d'apporter à la Société. Or, le propriétaire de l'action au porteur est un associé substitué, tenu des obligations de son substituant ; donc il est personnellement débiteur ou garant envers lui des appels de fonds dont son titre peut être l'objet.

2° A défaut de conventions ou d'une loi formellement contraire, le souscripteur et ses cessionnaires doivent équitablement être autorisés à exercer leur recours contre le porteur, parce que, indépendamment des principes qui viennent d'être invoqués, ce dernier a retenu à son vendeur les versements non encore effectués, s'engageant ainsi *ipso facto* à satisfaire à tous les appels de fonds éventuels.

3° Ce droit des souscripteurs serait absolument illusoire si l'agent de change qui a concouru à la négociation du titre se refusait à révéler le nom de l'acheteur en se retranchant derrière le secret professionnel que lui impose l'article 19 de l'arrêté de prairial an X, ainsi conçu : « Les agents de change doivent garder le secret le plus inviolable aux personnes qui les auront chargés de négociations, à moins que les parties ne consentent à être nommées ou que la nature des opérations ne l'exige. »

Cette dernière exception prévoit certainement tous les cas dans lesquels il résulte du contrat dont l'agent de change est l'intermédiaire, un principe d'action de l'un des contractants contre l'autre : ce qui est le cas dans l'espèce, au dire de l'*Omnium Marseillais*, et, ajoutait-il, c'est dans ce sens que la jurisprudence s'est fixée (arrêt du 8 août 1882).

On peut répondre à ce propos que l'arrêt rendu dans l'affaire du *Crédit Rural* est un arrêt d'espèce. La Cour a jugé que, dans les circonstances spéciales où se présentait la demande, les opérations faites par les agents étaient de nature à exiger la révélation du nom ; cela ne fixe aucune règle pour l'avenir.

4° Les articles 12 et 17 des statuts de l'*Association financière lyonnaise* justifiaient pleinement la prétention du souscripteur contre le porteur en spécifiant que « les droits et obligations attachés à l'action suivent le titre, dans quelque main qu'il passe ; que la possession d'une action entraîne de plein droit adhésion aux statuts de la Société et aux décisions de l'assemblée générale » ; enfin que l'actionnaire exproprié pour défaut de versement restera passible de différence entre le prix net de la vente de son titre et ce qui sera dû par lui à la Société.

En conséquence, disait le défenseur de l'*Omnium Marseillais*, c'est bien le porteur qui est débiteur des appels de fonds, et en cette qualité il est tenu de couvrir le souscripteur et ses cessionnaires de sa garantie.

Le tribunal n'admet pas le système du défenseur de l'*Omnium marseillais ;* celui-ci, nous l'avons déjà dit, disait que le porteur devait être considéré comme débiteur des appels de fonds, et, en cette qualité, tenu de couvrir le souscripteur et ses cessionnaires. Le tribunal commence par citer l'article 3 de la loi de 1867.

Aux termes de ce texte fameux, « il peut être stipulé, mais seulement par les statuts constitutifs de la Société, que les actions ou coupons d'actions pourront, après avoir été libérés de moitié, être convertis en actions au porteur par délibération de l'assemblée générale.

» Soit que les actions restent nominatives après cette délibération, soit qu'elles aient été converties en actions au porteur, les souscripteurs primitifs qui ont aliéné les actions, et ceux auxquels ils les ont cédées avant le versement de moitié, *restent tenus* au payement du montant de leurs actions pendant un délai de deux ans, à partir de la délibération de l'assemblée générale. »

Rien, dans ce texte, dit le jugement de Lyon, ne confère expressément au souscripteur aucune faculté de recours contre l'acheteur, lorsque celui-ci se dissimule sous la forme impersonnelle du titre au porteur.

Il est très intéressant de rapprocher cette déclaration de l'opinion de M. Pont ainsi formulée : L'article 3 est une véritable exception au droit commun, compris dans les articles 1845 et 2092. Or, le bénéfice de cette exception est acquis, soit *immédiatement,* soit *éventuellement,* à tous les actionnaires ; immédiatement, à ceux qui deviennent titulaires de l'action *après* le vote de conversion ; éventuellement, c'est-à-dire à l'expiration des deux ans, à ceux qui, comme souscripteurs ou cessionnaires, étaient actionnaires *avant* ce vote.

Pour terminer, nous nous bornerons à citer le texte même du jugement du tribunal de Lyon, parce qu'un examen plus détaillé nous obligerait à sortir du cadre qui nous est tracé ; la rédaction est, du reste, des plus claires, et fait ressortir suffisamment les distinctions qu'il y a lieu de faire entre ce procès et l'affaire du *Crédit Rural*.

« Attendu, dit le tribunal, que, dans une matière aussi grave et aussi délicate, il faut non seulement peser soigneusement les termes de la loi, mais surtout en pénétrer l'esprit ;

Que, de la lecture des débats législatifs sur l'article 3 de la loi du 24 juillet 1867, il ressort que la Société anonyme n'est pas une association de personnes, mais de capitaux ; qu'afin de faciliter les grandes entreprises commerciales ou industrielles, le législateur a résolu d'affranchir les actionnaires primitifs de responsabilités indéfinies ; que, néanmoins, pour couper court à certains abus, il a voulu qu'ils restassent engagés au payement de la moitié du montant de chaque action par eux souscrite ; qu'ensuite ils *ne fussent point poursuivis* pour le surplus, à partir de la conversion des titres en la forme au porteur; mais que les articles de la loi qui posaient ce principe *furent repoussés*, après une vive discussion et renvoyés à la commission ; que celle-ci y substitua l'article 3 actuel, accepté aussitôt, par transaction, entre les différents systèmes qui se trouvaient en présence ;

Qu'il semble donc certain que le législateur a entendu, par mesure d'ordre public, retenir temporairemeni la responsabilité personnelle du souscripteur et des cessionnaires visés audit article, mais qu'à l'égard de tous les autres, il a persisté dans son idée première ;

Que, dans une association de capitaux, les propriétaires successifs d'un titre au porteur ont le pouvoir de se dissimuler ; ou, tout au moins, qu'ils ne peuvent être recherchés que par des voies extraordinaires, telles que la violation du secret professionnel de l'agent de change ;

Attendu, en tous cas, qu'un *texte aussi peu précis* que cet article 3 ne saurait autoriser les juges à s'écarter des prescriptions si impératives de l'article 19 de l'arrêté du 27 prairial an X ;

Que l'article 11 du même arrêté a pour but de faciliter aux tribunaux le contrôle des opérations confiées au ministère de l'agent de change, mais seulement au point de vue de leur sincérité et de leur régularité ; qu'une plus large interprétation les engagerait dans la voie de l'arbitraire et rendrait absolument illusoires les dispositions de l'article 19 ;

Attendu que l'arrêt précité de la Cour de cassation en date du 8 août 1882 a trait à une espèce bien différente de celle qui est en cause ; qu'en effet, dans l'affaire du *Crédit Rural*, il s'agissait d'actions dont la conversion au porteur venait d'être déclarée illégale et dont les transmissions n'avaient point, en droit, cessé d'être assujetties aux règles concernant les titres nominatifs ; qu'il était donc plus facile d'y soutenir cette thèse ; que le secret professionnel de l'agent peut être violé toutes les fois qu'il naît du contrat un principe d'action de l'un des contractants contre l'autre, puisque la personnalité de l'acheteur peut toujours être démasquée par le registre des transferts ; mais que, pour les motifs sus-énoncés, il est impossible de raisonner de même sur le terrain des titres au porteur, qui est précisément celui sur lequel réside le procès actuel ;

Attendu, à la vérité, que l'examen du compte remis par l'agent de change H..., à l'*Omnium Marseillais*, présente cette double particularité que, d'une part, le montant des versements non effectués a été retenu au vendeur, et que, d'autre part, l'agent de change a perçu le courtage sur le produit brut de la négociation, c'est-à-dire même sur les 250 fr. non encore appelés à l'époque, ce qui tendrait à faire admettre que, pour cette partie du prix comme pour l'autre, il encourait d'ores et déjà une responsabilité éventuelle, méritant un égal salaire ;

Mais que, sans méconnaître ce que ces arguments ont de sérieux, le Tribunal ne trouve pas, dans la contexture de ce compte, la preuve que les parties contractantes aient entendu formellement déroger par une convention formelle au droit que la loi de 1867 laisse au porteur de se dissimuler en ne laissant dans ce cas à la Société dont il est actionnaire ou souscripteur primitif et aux cessionnaires de celui-ci, que la faculté de faire exécuter son titre ;

Attendu, enfin, que les articles 12 et 17 des statuts sociaux établissent bien que le propriétaire de l'action au porteur reste, envers la Société, personnellement débiteur de tout ce que celle-ci n'a pu faire rentrer sur les versements en souffrance qui lui incombaient, mais qu'ils n'indiquent, pas plus que l'article 3 de la loi de 1867, par quel moyen ou de quelle façon il pourra être découvert ou atteint ;

Qu'en résumé, toutes ces obligations, si graves qu'elles soient, témoignent peut-être que *la législation qui règle la matière présente des lacunes ou certains inconvénients ;* mais que cela n'autorise point les juges à supprimer l'obstacle du *secret inviolable* dont l'arrêté de prairial fait à l'agent de change une obligation professionnelle ;

Qu'il suffit donc de réserver à l'*Omnium Marseillais* tous ses droits pour le cas où il viendrait à découvrir ultérieurement les titres par lui souscrits entre les mains d'un porteur qui ne les aurait pas libérés des versements appelés ;

Qu'il résulte de ce qui précède que l'agent de change doit être renvoyé des fins de la demande en garantie formée contre lui ;

Par ces motifs,

Le tribunal prononce qu'acte est donné :

1° Au liquidateur de sa déclaration que, ayant reçu 6,250 francs, il ne requiert, quant à présent, aucune condamnation contre l'*Omnium Marseillais* et qu'il se borne à faire des réserves pour 50 actions ;

2° A l'*Omnium Marseillais* de ses réserves contre le porteur de titres qu'il a souscrits, lors de la création de l'*Association financière lyonnaise, sauf à le découvrir sans faire échec au secret professionnel de l'agent de change ;*

Rejette, comme mal fondé, l'appel en garantie formé contre l'agent de change. »

La Cour de Lyon a confirmé ce jugement le 3 juillet 1883.

Des souscripteurs primitifs d'actions non complètement libérées et cependant mises au porteur avaient été obligés de répondre à l'appel d'un troisième quart de leurs actions. Ils s'adressèrent aux agents de change par l'intermédiaire desquels elles avaient été négociées afin de reconnaître leurs acquéreurs et d'arriver ainsi au porteur actuel. Le tribunal avait repoussé leur prétention.

Sur leur appel, la Cour a jugé : 1° Que le secret professionnel auquel est tenu l'agent de change envers son client ne saurait disparaître qu'en présence d'un droit né de l'opération même pour laquelle l'agent de change a prêté son ministère; 2° que le porteur intermédiaire qui n'est plus porteur actuel est libéré aussitôt qu'il a vendu son titre. La Cour a, en conséquence, repoussé la demande des souscripteurs primitifs et confirmé la décision des premiers juges.

(*Gazette des Tribunaux* du 5 juillet 1883.)

Cet arrêt est actuellement soumis à l'examen de la Chambre civile de la Cour de cassation. Le pourvoi a été admis par la Chambre des requêtes le 7 mai 1884.

CHAPITRE XXX

A propos de l'article 3 de la loi de 1867.

On nous pardonnera de revenir sur l'article 3 de la loi du 24 juillet 1867 ; et en nous plaçant sous l'autorité des auteurs les plus éminents qui ont traité la question et dont nous citerons des extraits, nous essayerons de prouver que les acheteurs d'actions au porteur n'ont pas *à être inquiétés* même *pendant la période de deux ans* écoulée depuis le vote de l'assemblée qui a converti les titres en actions au porteur.

Toute la discussion roule sur l'article 3 de la loi de 1867 ; or, on sait que ce texte, un des plus importants de la loi, a soulevé des controverses nombreuses parmi les iuterprètes, et son obscurité est telle, que l'un d'eux suppose qu'elle a été intentionnelle (Alauzet, *Commentaire du Code de commerce*). Est-il croyable, en effet, que l'on soit arrivé à une telle perfection du genre sans l'avoir voulu ?

Ce texte est ainsi conçu :

« Il peut être stipulé, mais seulement par les statuts consti-
» tutifs de la Société, que les actions ou coupons d'actions pour-
» ront, après avoir été libérés de moitié, être convertis en actions
» au porteur par délibération de l'assemblée générale.

» Soit que les actions restent nominatives après cette délibé-
» ration, soit qu'elles aient été converties en actions au porteur,
» les souscripteurs primitifs qui ont aliéné les actions et ceux
» auxquels ils les ont cédées AVANT LE VERSEMENT DE MOITIÉ
» restent tenus au payement du montant de leurs actions pendant
» un délai de deux ans à partir de la délibération de l'assemblée
» générale. »

Etablissons d'abord, ce qui est indiscutable, le caractère de cette disposition : c'est une *exception*, une dérogation aux règles du droit commun, définies par l'article 2092 du Code civil, suivant lequel « quiconque s'oblige personnellement est tenu de remplir » son engagement sur tous ses biens immobiliers présents et à » venir », et dont l'article 1845 fait une application en matière de Société : « Chaque associé est débiteur envers la Société de tout » ce qu'il a promis d'y apporter. »

Cette *exception*, tous les interprètes de l'article 3, pour la préciser, se sont rencontrés dans une même pensée, dit M. Paul Pont, dont nous résumons la savante dissertation publiée par le *Journal des Sociétés civiles et commerciales* (février 1880).

L'exception, c'est la libération de l'actionnaire, quant à l'obligation personnelle, par le versement de moitié : c'est une conséquence du vote de l'assemblée générale qui, le versement de moitié étant complètement effectué, permet d'enlever à l'action sa forme nominative, *signe de l'obligation personnelle*, et en autorise la conversion en titres au porteur.

En citant l'article, nous avons souligné à dessein les mots « *avant le versement de moitié* » : c'est le pivot autour duquel tourne l'argumentation si favorable, d'après nous, aux acheteurs d'actions au porteur, auxquels on viendrait réclamer 250 fr. par titre.

Le bénéfice de l'exception (c'est-à-dire le droit de ne plus être engagé personnellement) est acquis, soit *immédiatement*, soit *éventuellement*, à tous les actionnaires : immédiatement à ceux qui deviennent titulaires de l'action *après* le vote de conversion ; éventuellement, c'est-à-dire à l'expiration des deux ans, à ceux qui, comme souscripteurs ou cessionnaires, étaient actionnaires *avant* ce vote.

Voici donc la distinction à établir, et il est facile aux intéressés de se rendre compte de leur situation : ceux qui ont acheté des actions déjà libérées de moitié, postérieurement au vote de l'assemblée générale, n'ont pas à se préoccuper du délai de deux ans, ils profitent de suite de l'avantage que leur donne l'exception de l'article 3 ; et, deux ans après le vote, *tous* sont dégagés de l'obligation personnelle. L'action, si elle n'est pas complètement libérée, répond seule des versements complémentaires.

Il est bien entendu que *le versement de moitié* dont parle l'article 3 s'applique à *toutes* les actions ; sans cela, si elles n'étaient pas toutes libérées de moitié quand la conversion en a été votée, la délibération de l'assemblée pourrait être annulée, comme cela a eu lieu dans l'affaire du *Crédit Rural*.

Ainsi, qu'en le comprenne bien : l'article 3 est une exception aux règles du droit commun citées plus haut (articles 2092 et 1845), qui étaient *rigoureusement* appliquées dans les lois sur les Sociétés de 1856 et de 1863, lesquelles déclaraient les souscripteurs responsables, nonobstant toute spéculation contraire, du montant total des actions souscrites. Le législateur de 1867 a vu qu'il y aurait là un obstacle trop sérieux à la formation des Sociétés ; et, après de longs débats au Corps législatif, qui resteront célèbres par leur confusion, on décida qu'il n'était pas absolument nécessaire que les souscripteurs fussent indéfiniment responsables, et qu'une Société pourrait, si elle le jugeait convenable à ses intérêts, convertir ses titres en actions au porteur après la libération de moitié.

Deux conditions doivent être remplies pour cette conversion, qui a pour effet l'extinction de l'obligation personnelle ; la conversion n'est possible que : 1° si elle est prévue par les statuts ; 2° si elle est voulue et autorisée par délibération spéciale des actionnaires réunis en assemblée générale.

Dans ce dernier cas, c'est la Société elle-même qui a voté la conversion : ayant pris l'initiative de la mesure, elle ne saurait être admise à *en décliner les conséquences légales ;* d'autre part, si la conversion n'est possible que si elle a été stipulée dans les statuts, *les tiers sont prévenus* par la publicité donnée aux statuts de l'éventualité d'une conversion et de ses effets.

Ces effets sont, ne l'oublions pas, que, après la libération de moitié et le vote, tout cessionnaire n'a plus à être inquiété ; se trouvent seuls en butte aux réclamations pendant deux ans les souscripteurs qui ont aliéné leurs titres et ceux auxquels ils les ont vendus *avant le versement de moitié.*

Tel est aussi l'avis formel de M. Rivière (*Commentaire de la loi sur les Sociétés*, page 74).

« Si, dit-il, c'est *après* le versement de moitié que la cession de l'action a eu lieu, le souscripteur primitif ne sera personnellement obligé *à rien*, ni son cessionnaire non plus ; si c'est *avant*, il restera encore obligé pendant deux ans. »

Le savant commentateur ne pense pas non plus que les porteurs intermédiaires puissent être recherchés. Il n'y a, selon lui, que le cessionnaire immédiat ou le cessionnaire détenteur actuel qui puissent être poursuivis. Du moment que les détenteurs intermédiaires ont cédé l'action, ils doivent être affranchis de toute responsabilité ; une autre solution serait nuisible à la circulation et à la négociation des valeurs de cette espèce, et contraire à l'intérêt des Sociétés.

Nous dirons donc, pour résumer aussi clairement que possible la question :

1° En vertu d'une clause formelle stipulée dans les statuts de la Société, une délibération de l'assemblée générale peut décider que les actions nominatives pourront, après avoir été libérées de moitié, être converties en actions au porteur, et *dorénavant* transférables sans que les nouveaux cessionnaires *soient obligés personnellement,* cela alors même que le cédant n'aurait pas converti ;

2° Les souscripteurs et les cessionnaires antérieurs à la délibération sont tenus pendant deux ans.

CHAPITRE XXXI

Les détenteurs intermédiaires sont-ils tenus aux versements réclamés ?

Après avoir examiné théoriquement le sens à donner à l'article 3 de la loi du 24 juillet 1867, nous sommes heureux d'avoir à signaler à ceux que cette matière intéresse, un jugement du tribunal de commerce de Lyon, rendu le 29 juin 1883, où le système soutenu jusqu'aujourd'hui, surtout par les auteurs, se trouve enfin adopté par les magistrats. Cette décision, après l'arrêt si important sur le secret professionnel des agents de change, cité plus haut, jette la plus vive lumière sur la question des appels de fonds adressés aux détenteurs intermédiaires de titres au porteur.

Il s'agit d'actions de l'*Association financière lyonnaise*, comme dans le procès terminé par l'arrêt ci-dessus rapporté.

Cette Société, constituée le 10 août 1881, a, suivant délibération de son assemblée générale en date du 20 septembre 1881, converti ses titres, après libération de moitié, en titres au porteur.

Après la mise en liquidation, le sieur Rolland, liquidateur, a fait, antérieurement à la prescription de deux ans établie par l'article 3 de la loi de 1867, appel du troisième quart, soit de 125 fr. par titre. Desgeorges, souscripteur primitif de 25 actions, condamné à payer 3,125 fr., avait appelé en garantie le sieur Eymard, acheteur par l'intermédiaire d'un agent de change des 25 titres litigieux après leur conversion au porteur ; Eymard avait revendu ces actions peu de temps après.

Les faits ainsi nettement posés, quelle était la difficulté à trancher ?

Eymard résistait à la demande faite, bien entendu, dans le délai de deux ans, en se prétendant couvert par les termes du § 2 de l'article 3 de la loi de 1867 et n'étant, disait-il, qu'un *détenteur intérimaire* d'un titre au porteur.

Quelle est donc, en ce qui concerne ce cessionnaire intérimaire, l'interprétation à donner à la loi de 1867 ? Telle est la question que se posent, en ce moment, bien des acheteurs d'actions. Il y a lieu de constater, nous le répétons à dessein, que la jurisprudence semble se mettre définitivement d'accord avec la doctrine des plus savants commentateurs de la loi.

D'après le jugement de Lyon, rédigé avec une clarté remarquable, le législateur a voulu *pendant deux ans*, comme garantie vis-à-vis des tiers, retenir uniquement *les souscripteurs primitifs* et *leurs cessionnaires* jusqu'à libération de moitié, à l'exclusion des acquéreurs des titres après conversion, et non stipuler une exception favorable aux premiers, en laissant les seconds sous le régime du droit commun établi par l'article 1845 du Code civil.

Pour quel motif, en effet, la loi libérerait-elle au bout de deux ans les souscripteurs primitifs, c'est-à-dire les fondateurs de l'entreprise mise en actions, ceux-là même qui, dans leur intérêt personnel, sont appelés à voter la conversion des titres, tandis qu'elle retiendrait soumis à la prescription de *trente ans* les acquéreurs de ces titres convertis qui ont fait confiance à l'œuvre des précédents ?

La loi a voulu concilier les deux termes du problème à résoudre : d'une part, placer les Sociétés sous un régime plus libéral en facilitant la transmission de leurs titres, pour leur attirer les associés désireux de conserver l'anonyme ; d'autre part, réserver des garanties aux tiers, en gardant pendant deux ans comme responsables des versements les souscripteurs et leurs cessionnaires avant libération de moitié, c'est-à-dire ceux qui, après avoir créé une entreprise plus ou moins viable, ont voté la conversion des titres pour les répandre plus facilement dans le public, et arriver à dégager leur responsabilité par la transformation de la Société en une Société composée exclusivement de capitaux.

Du reste, dans le procès qui nous occupe, Desgeorges, souscripteur primitif, ne se trouve point en présence d'un *dernier* porteur, mais en présence d'Eymard, porteur *intermédiaire*, lequel n'est plus, en conséquence, l'associé de l'*Association financière lyonnaise*, et ne peut plus être tenu des obligations de l'article 1845. Aussi Desgeorges invoque-t-il ce principe, que tout cessionnaire d'actions sur la tête duquel la propriété en est réellement transférée se trouve substitué au cédant pour les droits qui lui appartiennent et pour toutes les charges qui lui incombent.

Ce principe ne saurait être appliqué aux titres au porteur, au moins en ce qui concerne les détenteurs intermédiaires.

En effet, à partir de la conversion régulière des titres nominatifs en titres au porteur, il n'y a plus à la charge des souscripteurs ou des cessionnaires antérieurs une *obligation personnelle susceptible d'être transmise* à l'acheteur : le souscripteur est tenu pendant deux ans ; mais cette responsabilité biennale, basée sur la situation du souscripteur appelé à voter la conversion, ne peut se transmettre à celui qui, *acheteur après la conversion*, a été ÉTRANGER au vote de l'assemblée générale.

Il faut donc admettre que, le titre une fois mis au porteur, sa transmission, de personnelle qu'elle était, devient réelle; que l'acheteur, qui ne s'était, *personnellement*, engagé à rien, ne succède pas aux engagements du souscripteur : il acquiert, par la possession du titre, la qualité d'associé, dont les charges *disparaissent* dès le moment où le titre passe entre les mains d'un nouveau porteur.

Rien ne constatant la transmission des titres au porteur, et la recherche en étant le plus souvent impossible, la loi n'a pas *pu vouloir* organiser un système de responsabilités et de recours illusoires : chaque transmission doit donc être considérée comme opérant une novation immédiate, qui fait disparaître la personnalité du précédent détenteur, pour ne laisser tenu des charges que le *dernier porteur*.

Il suit de là que le souscripteur qui a fait les versements ne pourrait avoir de recours que contre le dernier porteur, et ce recours aurait son principe, non dans un contrat de cession, mais uniquement dans ce fait que, en versant aux lieu et place du porteur, le souscripteur a acquitté la dette de celui-ci

Puis nous voyons de nouveau présenter devant le tribunal des arguments dont on s'était servi, non sans succès, lors du procès du *Crédit Rural* contre les acheteurs : on verra comment y répondent les juges de Lyon.

Desgeorges soutenait qu'au moment de la négociation des titres, l'acheteur déduit de leur valeur nominale le montant des versements à effectuer, et qu'il résulte pour lui un engagement personnel de faire lui-même les versements aux lieu et place de son vendeur.

Si l'acheteur du titre déduit ce que l'on appelle à la Bourse le non-versé, c'est parce que le vendeur ne saurait exiger une somme qu'il n'a point payée et qui ne sera peut-être jamais appelée.

La preuve qu'il n'y a pas d'engagement personnel, c'est que cette déduction se fait toujours, même dans le cas où le vendeur n'est plus responsable, les deux ans étant écoulés, et n'a plus de recours à exercer.

D'autre part, ajoute le tribunal, le système de Desgeorges paraît devoir se heurter dans la pratique à des impossibilités qui devraient suffire à le faire écarter.

La nature même du titre au porteur, la rapidité avec laquelle il circule, ne sauraient se prêter à ces recours successifs , quand on considère la multiplicité des opérations : il ne faut pas oublier que, dans la pratique constante des affaires, les titres au porteur circulent et s'échangent comme une véritable monnaie sans que parfois on prenne souci des numéros donnés ou reçus ; ils se transmettent incessamment de la main à la main à titre de vente, de donation, etc. ; ces transmissions ne laissent nulle trace et échappent nécessairement à toutes investigations.

C'est pour ces raisons que le tribunal, soit au point de vue du droit, soit au point de vue de la pratique des affaires, n'a pas admis la demande du sieur Desgeorges ni l'interprétation qu'il faisait du paragraphe 2 de l'article 3 de la loi de 1867.

Il en résulte ceci :

Les souscripteurs primitifs d'une Société anonyme, lorsque les actions ont été régulièrement converties en titres au porteur, tenus, suivant l'article 3 de la loi de 1867, des derniers versements pendant deux ans, n'ont aucun recours contre les détenteurs intermédiaires.

Dès que les titres ont été mis au porteur, leur transmission de personnelle qu'elle était devient réelle ; l'acheteur, associé dès qu'il prend possession du titre, perd cette qualité et s'affranchit des charges qui y sont attachées aussitôt que le titre passe entre les mains d'un nouveau porteur.

CHAPITRE XXXII

Société anonyme. — Nullité. — Obligation des souscripteurs de faire les versements. — Appels de fonds par les liquidateurs à tous les actionnaires indistinctement.

Il est un fait absolument acquis en jurisprudence, c'est que, lorsque les tribunaux ont prononcé la nullité d'une Société ou d'une émission d'actions, les souscripteurs n'en restent pas moins tenus d'exécuter leurs engagements vis-à-vis des tiers et de faire les versements si un appel de fonds leur est adressé.

La question ne fait plus de doute : mais comme une certaine hésitation pourrait exister chez ceux qui n'auraient pas présentes à l'esprit les décisions rendues sur ce point, notamment dans les procès de l'*Union générale* ou de la *Banque Lyon et Loire*, nous croyons utile de rappeler les parties de jugements ou d'arrêts se rapportant spécialement à la matière que nous examinons.

Le jugement du tribunal de commerce du 15 *mai* 1882 (affaire Goumand et Lucas contre l'*Union générale*) déclarait ceci :

« La nullité de la souscription prononcée à raison des irrégularités commises par les administrateurs de la Société ne saurait avoir pour effet de diminuer au regard des tiers la valeur des engagements pris par les souscripteurs d'actions nouvelles ; si les prescriptions de la loi édictées au profit des associés entre eux leur permettent de demander les uns contre les autres la nullité d'une Société, la décision à intervenir ne saurait être opposée aux tiers. »

Ainsi, après avoir proclamé la nullité de l'émission des actions nouvelles, le tribunal en déduisait des conséquences rigoureuses peut-être, mais juridiquement exactes. La souscription est nulle ; mais c'est une nullité relative qui ne saurait être opposée aux tiers. Dès que la souscription est faite, dès qu'elle est publiée, les créanciers ont le droit de s'en prévaloir et de considérer le capital souscrit comme leur gage. Les souscripteurs sont donc tenus, par application générale du droit commun (articles 1845 et 2092 du Code civil), de remplir vis-à-vis des tiers les engagements qu'ils ont contractés.

Cette solution, si pénible qu'elle soit dans ses conséquences, nous paraît conforme aux principes, et la Cour la confirmait pleinement dans son arrêt du 2 *mars* 1883 :

« Considérant que la *Société nouvelle de l'Union générale*, au capital de 150 millions, existe à l'égard de la masse de la faillite, comme si aucun vice n'entachait sa constitution originaire ;

» Que les souscripteurs d'actions, et notamment L... et G... ont, en cette qualité, contracté un engagement auquel ils sont tenus de satisfaire ;

» Que, bien loin d'être fondés à répéter les sommes par eux versées, ils restent débiteurs du complément de leurs souscriptions qui, à l'égard des tiers, ont un caractère définitif irrévocable, etc., etc. »

La jurisprudence avait depuis longtemps consacré cette solution dans toute sa rigueur, avant les procès considérables de ces deux dernières années.

Nous rapportons un arrêt de 1878 que nous croyons intéressant à signaler, parce qu'il tranche précisément certaines questions sur lesquelles l'attention est éveillée en ce moment (5e chambre de la Cour de Paris, 8 mai 1878. Affaire du Taillan contre *Société des Eaux de Nîmes*).

Le souscripteur d'actions est tenu indéfiniment du montant de sa souscription.

La nullité de la Société ne peut le dispenser d'effectuer les versements lorsqu'il est justifié d'un passif à acquitter.

La preuve d'une souscription d'actions dans une Société peut résulter de cette circonstance, que le nom du prétendu souscripteur a figuré sur la liste des souscriptions déposée chez le notaire, s'il est établi qu'il a connu ou pu connaître cette liste, par exemple en assistant à l'assemblée constitutive de la Société.

Le fait de prêter son nom ou de donner un pouvoir pour assister comme souscripteur fictif à l'assemblée constitutive de la Société oblige celui qui a consenti à cette fraude à verser le montant intégral des actions qu'il a laissé mettre sous son nom.

Si le souscripteur d'actions qui ont été converties en actions au porteur n'est tenu des versements ultérieurs que pendant deux ans, c'est à la condition que cette conversion aura été votée par une assemblée générale d'actionnaires. Si la conversion émane du conseil d'administration, le souscripteur originaire reste tenu indéfiniment, même alors qu'il a cédé ses titres, sauf son recours contre le cessionnaire.

Le souscripteur d'actions est censé avoir reçu ses titres, à moins qu'il ne soit porteur d'un récépissé provisoire émanant de la Société : celle-ci n'a pas à justifier par un reçu qu'elle a remis les titres.

Le liquidateur d'une Société, nommé en justice, représente tous les intérêts sociaux et a, par conséquent, qualité pour recouvrer l'actif, notamment pour forcer les souscripteurs à compléter leurs versements, afin d'acquitter le passif créé par la Société.

Encore que les statuts de la Société décident que chaque appel de fonds ne pourra être supérieur à 100 fr., et devra être annoncé trois mois à l'avance, le liquidateur judiciaire a pu réclamer immédiatement la totalité de ce qui restait dû sur chaque action, l'état de déconfiture de la Société, constaté par sa mise en liquidation, rendant son passif exigible.

Nous trouvons encore la question résolue dans un jugement du tribunal de commerce de la Seine du 31 janvier 1883 :

(Affaire Moreau, liquidateur de l'*Union provinciale,* contre Jubie et Glaize.)

« La nullité de la Société n'a pas pour effet d'exonérer les actionnaires de leurs obligations : elle ne peut être opposée aux tiers ni aux créanciers sociaux. »

Nous signalons surtout cette décision à cause du système de défense adopté par les actionnaires, vis-à-vis du liquidateur : ils soutenaient que celui-ci devait d'abord s'adresser aux souscripteurs qui n'avaient pas payé le premier quart, avant de leur faire un appel de fonds à eux qui avaient effectué ce versement ; qu'agir autrement, c'était violer le principe d'égalité qui doit régner entre tous les actionnaires d'une même Société.

Il fut décidé, contrairement à cette opinion, que le liquidateur d'une Société déclarée nulle est en droit de réclamer à tous les actionnaires la somme nécessaire pour éteindre le passif social, sans distinguer entre les actionnaires qui ont versé ou non le premier quart, sauf ensuite, dans le cas où des irrégularités viendraient à se produire dans la contribution au passif, « à rétablir l'égalité en dressant les comptes entre les actionnaires. »

Dans une autre affaire plus récente (trib. de commerce de la Seine — 1er août 1883), un souscripteur, assigné en libération de 250 actions de l'*Epargne populaire* en liquidation, contestait également au liquidateur de cette Société le droit de s'adresser à lui avant de réclamer le payement aux personnes responsables. Il prétendait qu'avant de demander les fonds aux actionnaires, le liquidateur était tenu de s'adresser aux administrateurs et fidéicommissaires pour la reconstitution des fonds de capitalisation.

Le tribunal jugea également que le liquidateur « a qualité pour exiger la mise sociale de tous les obligés dès que le passif social le comporte ;

» Les actionnaires ne peuvent lui imposer la discussion de personnes responsables subsidiairement ou éventuellement de ce passif ;

» Attendu que si la liquidation n'a pas cru devoir actionner, quant à présent, les administrateurs et fidéicommissaires, comme coupables de ne pas avoir surveillé l'emploi des fonds de capitalisation, la liquidation n'en a pas moins le devoir de réclamer à ses débiteurs les sommes suffisantes pour éteindre le passif justifié quel qu'il soit ;

» Qu'il appartient d'ailleurs à D..., comme à tout intéressé, d'actionner personnellement les administrateurs et fidéicommissaires, s'il le juge utile ;

» Mais qu'il ne saurait se prévaloir du *défaut de poursuite* de la part des liquidateurs pour se *soustraire au payement* des sommes liquides et exigibles qu'il peut devoir à la Société. »

Dans beaucoup de procès, nous avons vu contester les droits des liquidateurs ; nous nous bornons à citer ces deux décisions qui visent les cas les plus fréquents.

QUATRIÈME PARTIE

TITRES SORTIS AUX TIRAGES

VENTE A CRÉDIT DE VALEURS A LOTS. — TITRES COTÉS ET PARAPHÉS. — DON MANUEL DE VALEURS AU PORTEUR. — DROITS DES OBLIGATAIRES. — DES SYNDICATS FINANCIERS. — RENTES DÉPARTEMENTALES.

CHAPITRE XXXIII

Titres vendus après être sortis au remboursement. — Erreur sur la substance de la chose vendue. — Situation respective du vendeur et de l'acheteur. — Mise hors de cause des intermédiaires.

Une très grande publicité est donnée aujourd'hui aux listes d'amortissement : la Ville de Paris et le Crédit Foncier notamment, pour citer les emprunteurs qui émettent le plus de valeurs à lots avec de fréquents tirages, distribuent ces listes à profusion. On peut donc facilement, si on veut s'en donner la peine, rechercher, avant de vendre des titres, s'ils sont sortis avec un lot ou une prime quelconque.

Tous les jours, néanmoins, des propriétaires négocient leurs valeurs et ne prennent pas le soin d'en faire la vérification : cette négligence peut parfois leur coûter très cher et notre but est de les mettre en garde, si c'est possible, contre un oubli qui attire souvent bien des mécomptes.

Si, en effet, un vendeur s'aperçoit trop tard qu'il a cédé une valeur sortie, un tiers porteur de bonne ou mauvaise foi a déjà pu se faire payer par la Compagnie le lot ou le remboursement.

Quelle est, dans ce cas, la situation respective de l'acheteur et du vendeur ?

En droit, la question ne fait pas de doute : il est évident que la vente est nulle, et qu'il y a erreur sur la substance de la chose cédée.

Qu'a voulu acquérir l'acheteur?

Un titre au porteur négociable, productif d'intérêts avec chances de primes ou d'augmentation de capital par voie de tirage au sort. Or, le titre cédé a perdu ces caractères et l'acheteur n'a pas été mis en possession de ce qu'il entendait recevoir.

Et, de son côté, le vendeur, si nous supposons une valeur sortie, par exemple, avec une prime de 10,000 fr., n'a pas eu, cela est certain, l'intention de céder pour 4 ou 500 fr. un titre qui, le jour de la négociation, valait vingt fois plus.

On n'a qu'à appliquer, pour résoudre cette question, les principes de droit qui régissent dans notre Code le contrat de vente. Les auteurs qui ont traité ce sujet sont tous d'un avis unanime et il n'y a pas d'hésitation à avoir.

De même, la nullité de la cession, dans le cas qui nous occupe, a toujours été prononcée par les tribunaux qui ont eu à juger des procès de cette nature,

Nous citerons, notamment, un jugement du tribunal de la Seine, du 17 août 1865 (V. *Gazette des Tribunaux* du 31 août 1865), qui, après avoir déclaré la vente nulle, énonce que *le remboursement ou la prime revient de droit au propriétaire de l'obligation au moment du tirage* et non à l'acquéreur postérieur de bonne foi.

Dans un autre jugement du 27 juin 1869, mentionné dans la *Gazette* du 8 juillet suivant, il s'agit d'une prime de 25,000 francs échue à une obligation Ville de Lille. Les juges en ont ordonné la restitution entre les mains de la personne qui avait vendu ce titre sans savoir qu'il était sorti avec un lot si important.

Enfin, à une date plus rapprochée, dans le *Droit* du 23 juillet 1876, figure un jugement rendu entre M. B..., agent de change, et R..., son client acheteur. Ce dernier refusait de rendre des valeurs sorties que l'agent lui avait remises. R... a dû les restituer, « attendu, dit le tribunal, qu'il n'avait pas fait acheter des obligations immédiatement remboursables, et qu'il y avait erreur sur la substance même des titres livrés. »

On remarquera que, dans les espèces que nous venons de citer le plus brièvement possible, le cédant n'était pas encore trop à plaindre : mis en présence de son cessionnaire, il pouvait au moins lui disputer la possession de la prime. Mais il n'en est pas toujours ainsi, et il peut bien arriver que l'acheteur, après avoir touché un lot indûment, disparaisse ou devienne insolvable.

La situation, dans ce cas, sera plus difficile. Que fera le cédant ainsi lésé ?

En droit, nous l'avons dit plus haut, la vente sera annulée ; mais, en fait, un tiers porteur, qu'on ne retrouve plus, a reçu une somme à laquelle il n'avait pas droit.

Cette question est, croyons-nous, assez nouvelle, et nous ne sachons pas qu'elle ait été fréquemment portée devant les tribunaux.

Le cessionnaire échappant ainsi à l'action que lui intente le cédant, ce dernier ne tenterait-il pas de se retourner contre son intermédiaire et de faire déclarer sa responsabilité ?

A notre avis, ce recours ne serait nullement fondé, à moins que des circonstances de fait aient dû éveiller l'attention du mandataire d'une façon toute spéciale ; par exemple, si un client, en envoyant des titres à vendre, avait formellement demandé qu'on vérifiât les numéros avant de les négocier.

Mais, autrement, quelque sévérité que l'on puisse déployer vis-à-vis des banquiers ou des officiers ministériels, seuls admis par la loi à servir d'intermédiaires dans les négociations, il est impossible, d'après nous, qu'on aille jusqu'à engager leur responsabilité.

Qu'on note, du reste, ce point important : *aucun* des vendeurs, dans les procès précités, n'a mis en cause son mandataire, même subsidiairement ; et cependant, pour le vendeur à la recherche de la prime qui lui échappe, les résultats des procès étaient incertains puisque l'acheteur pouvait, ainsi que nous l'avons expliqué, disparaître ou devenir insolvable.

A l'égard du recours exercé contre un mandataire, nous ne connaissons qu'un seul jugement, rendu le 2 décembre 1875 par le tribunal de commerce, dont la décision nous paraît absolument équitable et juridique.

Voici comment les faits se présentaient :

Un acheteur avait touché une prime à laquelle il n'avait pas droit : on ignorait ce qu'il était devenu. La valeur avait passé par beaucoup de mains et le cédant avait cru pouvoir assigner le changeur auquel il avait remis le titre sorti et qui était un des intermédiaires successifs.

Le tribunal débouta le vendeur de sa demande, déclarant qu'il devait être *responsable de son imprudence ;* que X..., changeur, n'avait pas touché le montant du remboursement et n'avait été qu'un intermédiaire de bonne foi ; qu'il ne devait donc rien payer.

C'est, à notre avis, la vraie solution de la question : elle est rigoureuse pour les propriétaires négligents.

Aussi avons-nous cru devoir leur signaler le danger. La première mesure à prendre en tous cas, si l'on s'aperçoit qu'on a vendu une valeur sortie, est de former opposition entre les mains de la Compagnie pour empêcher le payement de la prime, comme s'il y avait eu perte ou vol du titre.

Nous devons ajouter pour mémoire qu'un jugement du tribunal de Péronne, du 13 décembre 1878, a décidé que l'acheteur toucherait le remboursement de préférence au précédent propriétaire ; mais il y avait un motif spécial : l'obligation Saragosse, objet de l'instance, était sortie en 1865, et le vendeur n'avait pu prouver qu'il *possédait le titre lors du tirage;* il n'y avait pas lieu, en conséquence, de lui attribuer la prime.

Disons en terminant que le vendeur ne subit pas toujours de préjudice, et que souvent, sans le savoir, il cède un titre sorti à un cours plus avantageux que le taux du remboursement; dans ce cas, c'est l'acheteur qui prend l'offensive, mais la solution est la même : le vendeur est obligé de reprendre son titre qu'on lui rendra, du reste, cette fois, sans difficulté.

CHAPITRE XXXIV

Titres sortis au remboursement. — Coupons payés par les Compagnies après la sortie au tirage. — Prétendu droit de retenir les coupons lors du payement du capital. — Compagnies étrangères.

Le tirage au sort des obligations appelées au remboursement peut aussi donner naissance à d'autres contestations. On sait que les Compagnies affichent ou distribuent les listes des valeurs devenues remboursables ; mais, malgré cette publicité, beaucoup de personnes négligent de faire la vérification, et il arrive souvent que le porteur d'un titre sorti se présente pour recevoir des coupons échus postérieurement au tirage: en général, on lui en refuse le payement et on le prévient qu'il peut toucher son capital.

Mais il peut se faire que la Compagnie paye par mégarde les coupons d'une valeur tombée au sort qui lui sont apportés par un propriétaire ignorant son droit au remboursement.

Cette erreur est fréquente dans la pratique ; et on se l'explique fort bien : les listes de tirage sont parfois incomplètes ou mal consultées. Le plus souvent le porteur, pour être éclairé, s'en rapporte au refus de la Société de payer les coupons; d'un autre côté, les employés de la Compagnie peuvent avoir fait une vérification trop rapide ou insuffisante.

Ce payement erroné peut donc avoir lieu et même se renouveler pendant plusieurs semestres.

Dans ce cas, la Société, lorsque le remboursement sera demandé, pourra-t-elle se faire restituer les intérêts qu'elle a payés indûment et en retenir le montant sur le capital?

Nous ne le croyons pas : ce droit de retenir les coupons payés aux porteurs des obligations sorties ne pourrait être basé que sur l'article 1376 (C. civ.). Cet article déclare « que celui qui a reçu, par erreur ou sciemment, une chose qui *ne lui est pas due* est obligé de la restituer. »

Mais peut-on considérer le payement fait par la Compagnie, des coupons qui lui sont présentés, comme ayant été fait *indûment?*

Tout d'abord, en principe, le débiteur ne doit-il pas les intérêts du capital prêté jusqu'au jour du remboursement? On admet, il est vrai, que la publicité donnée aux listes doit être considérée comme une offre suffisante de la part de la Compagnie pour arrêter le cours des intérêts, puisque, depuis la date indiquée, le capital est *censé* être conservé dans la caisse sociale et tenu à la disposition des porteurs.

Mais si le propriétaire se présente à la caisse et si on lui continue le service des intérêts, sans le prévenir que le capital est payable de suite, la Compagnie ne peut prétendre avoir payé ces coupons *indûment.*

Elle pouvait, en effet, se dispenser de ce payement en faisant le remboursement ; elle a renoncé, par erreur, à profiter du droit de se libérer, mais elle n'a réellement versé que ce qu'elle devait, puisque *débitrice d'un capital productif d'intérêts, elle a conservé ce capital.*

La retenue des coupons par les Sociétés ne nous paraît donc conforme ni au droit ni à l'équité.

Que se passe-t-il, en effet, dans la pratique? L'habitude des affaires enseigne qu'on peut toujours compter sur une moyenne de créanciers en retard, ce qui permet d'utiliser une partie des sommes dues.

On ne saurait dire que les Compagnies ont mis en réserve le capital nécessaire pour rembourser l'obligation, sans le faire fructifier d'une façon quelconque, ce qui paraît fort légitime du reste.

Mans, dans ce cas, la Compagnie peut être assimilée au mandataire *qui doit les intérêts des sommes qu'il a employées à son usage,* à dater de cet emploi. (Art. 1996, C. civ.)

D'où cette conséquence très importante à noter: les coupons

payés par erreur étaient *véritablement dus* au propriétaire et on n'a pas le droit de les lui retenir plus tard.

Décider le contraire serait, comme le dit M. Guillard, dans une savante dissertation sur cette question *(Revue pratique)* : « laisser aux Compagnies débitrices la facilité de ruiner leurs créanciers ».

Supposons, en effet, cet état de choses se prolongeant pendant 10, 15 ou 20 semestres, — ce que nous disons n'a rien d'exagéré — sur certaines valeurs étrangères, notamment, des contestations s'élèvent au sujet de titres sortis depuis plus de 10 ans.

Un porteur d'obligations, qui croit user de son revenu, consomme, en réalité, son capital, et non seulement il peut n'avoir rien à réclamer, s'il a touché les intérêts pendant 20 ans (intérêts comptés à 5 0/0), mais même il deviendrait débiteur au lieu d'être créancier comme il le croit, si ces 20 ans étaient dépassés !

Mais, dira-t-on, pourquoi les intéressés ne présentent-ils pas leurs titres ?

Les numéros d'obligations tombées au sort ont été publiés dans les journaux, affichés dans les bureaux mêmes de la Compagnie.

Les porteurs sont donc négligents : et plus leur faute se prolonge, plus le dommage qui en résulte pour eux doit être grand.

Il est certain que ces détenteurs de valeurs remboursables sont coupables d'inattention.

Tout le monde peut le leur reprocher... excepté la Compagnie débitrice. Car celui qui connaît le premier les listes et les publie est moins excusable que celui qui doit les chercher. Il est donc compréhensible que le porteur se fie au refus du coupon pour apprendre que son titre est remboursable.

Et s'il conclut d'une continuité de payements que son capital n'est pas exigible, il ne serait pas juste de décider, après un certain nombre d'années, qu'*il a reçu sur son fonds et non sur son revenu.*

Les résultats pourraient être plus sérieux encore si la valeur avait été transmise depuis le tirage et avait passé entre les mains de plusieurs propriétaires.

L'acheteur qui reçoit un titre muni de tous ses coupons non échus est fondé à croire que son droit de créancier est inattaquable. La négligence est imputable au précédent porteur et non à lui.

Ce n'est pas lui qui a touché les coupons indûment payés, et, à l'égard des vendeurs, il n'a que la ressource d'exercer des recours nombreux et successifs sans grande chance d'être rendu complètement indemne.

En résumé, le porteur est coupable de négligence : la liste des numéros a été publiée et il se trouvait prévenu par cette publication.

Mais, d'après nous, la Compagnie est coupable d'une omission beaucoup plus grave. Ne pouvant ignorer le résultat du tirage au sort, elle a néanmoins payé ; elle ne nous semble pas en droit de se prévaloir de l'erreur bien plus excusable du propriétaire du titre et elle doit rembourser intégralement l'obligation, tous les intérêts perçus restant acquis au porteur du titre.

Malgré ces considérations développées également dans le sens de notre opinion par M. Buchère (*Traité des valeurs mobilières*), un arrêt de la Cour de cassation du 29 juillet 1879 (v. *Gazette des Tribunaux* du 1er août 1879), a décidé que le payement du coupon d'une obligation désignée par le sort pour être remboursée devait être considéré comme un payement de l'indu et pouvait donner lieu à répétition.

Cependant, actuellement, dans la pratique, nous croyons savoir que les Compagnies françaises admettent facilement les réclamations des intéressés, et ne font pas de retenue de coupons en remboursant le capital : peut-être par suite de décisions rendues contrairement à l'arrêt ci-dessus, et dont nous n'avons pas retrouvé trace.

Les Sociétés étrangères résistent encore, et bien des difficultés s'élèvent chaque jour à ce sujet.

Nous ne voyons pas, quant à nous, qu'il y ait la moindre distinction à faire ; elles prétendraient vainement n'être, d'après leurs statuts, justiciables que des tribunaux de leurs pays.

Il ressort de l'article 14 du Code civil « que l'étranger, même non résidant en France, peut être cité devant les tribunaux français pour l'exécution des obligations par lui contractées en France avec un Français. »

Les tribunaux de France seraient donc compétents pour examiner la question à leur égard.

Ajoutons, pour terminer, que ce que nous venons de dire à propos de titres au porteur s'applique avec plus de force aux titres nominatifs ; l'erreur de la Compagnie est moins excusable encore, on le comprend aisément.

Cette question que nous venons de résumer intéresse les propriétaires dans leurs rapports avec les Sociétés ; mais elle ne doit pas non plus être indifférente aux intermédiaires, agents de change ou banquiers ; dès qu'il survient une difficulté de cette nature, ils peuvent être mis en cause par les clients et appelés, par conséquent, à combattre des prétentions qui ne sont, d'après nous, conformes ni au droit ni à l'équité.

CHAPITRE XXXIV

Valeurs à lots autorisées. — Vente à crédit. — Interprétation de la loi du 21 mai 1836 sur les loteries prohibées. — Modifications apportées à la nature des valeurs.

On sait que depuis longtemps certains industriels ont imaginé la vente à crédit de marchandises de toute nature; ils s'adressent surtout aux personnes peu aisées qui ne peuvent guère payer comptant une somme de quelque importance. Il n'y a rien là d'illégal et qui ait jamais attiré l'attention de la justice; il n'en est pas de même de ceux qui ont eu l'idée de négocier des titres avec facilité de payement, et moyennant un prix fractionné; ils ne se contentaient pas, il est vrai, de céder à terme et à un taux convenu des valeurs à lots ; mais, pour allécher le public, ils ont créé diverses combinaisons dans lesquelles les tribunaux ont vu une infraction à la loi du 21 mai 1836 sur les loteries.

Cette loi (article 1er) prohibe, sous la sanction des peines édictées par l'article 410 du Code pénal, toute espèce de loterie et toutes opérations qui pourraient leur être assimilées; elle considère comme loterie toute affaire offerte au public pour faire naître l'espérance d'un gain qui serait acquis par la voie du sort.

Les opérations de cette nature ne sont à l'abri de toute répression qu'à la condition, soit d'être pourvues d'une autorisation administrative, comme les loteries de bienfaisance, soit d'être permises par une loi ou un décret comme les obligations à prime de certaines villes et de quelques grands établissements financiers. Ces loteries autorisées ont cet avantage que le gouvernement règle d'avance les conditions et le taux de l'émission, et qu'il surveille la gestion comme l'emploi des mises versées. Une loi peut donc, par dérogation au principe prohibitif des loteries, permettre à une Compagnie financière de distribuer des lots ou primes attribués par le sort aux porteurs des obligations émises par cette Société, mais cette exception ne doit profiter qu'à la Compagnie elle-même et dans les limites fixées.

Ajoutons de suite ceci, afin d'éclairer la discussion qui va suivre : pour qu'il n'y ait aucun acte délictueux, le titre *doit rester tel qu'il a été créé,* en vertu de la loi ou du décret : le dénaturer par suite d'un fait quelconque, c'est violer la loi du 21 mai 1836.

Or, que faisaient donc ces industriels en opérant, par exemple, sur des obligations du Crédit Foncier? Certains avaient fractionné ces valeurs en petites coupures donnant droit à une part proportionnelle de la chance attachée au numéro. Ces fractionnements *arbitraires* étaient poussés jusqu'à leur dernière limite ; on en avait vu offrir à raison de cinq francs un billet donnant droit dans les tirages du Crédit Foncier à une chance proportionnelle à la petite portion de titres vendue. Ce billet ne permettait pas de participer au titre ni aux intérêts : la chance seule était mise en vente.

Un autre spéculateur avait imaginé, en vendant des valeurs à lots, moyennant des acomptes mensuels, de réunir vingt individus qui mettaient leurs titres en commun pour participer à parts égales aux primes qui pourraient échoir à l'une des vingt parts. Ainsi, l'acheteur d'un titre, au lieu de n'avoir de chance que pour les tirages afférents *à son titre*, acquérait, en payant plus cher, le droit de participer aux chances des dix-neuf autres numéros (arrêt de la Cour d'appel correctionnelle de Paris du 23 novembre 1882).

Nous pourrions citer bien d'autres exemples : disons seulement que la jurisprudence de la Cour de cassation condamne définitivement ces sortes d'opérations comme constituant des loteries non autorisées.

Nous allons maintenant examiner un peu plus longuement une affaire de cette nature, et des plus importantes, qui a été jugée le 30 novembre 1882 par la Cour de Besançon, après renvoi devant cette juridiction par la Cour de cassation (arrêt du 8 juillet 1882).

Les faits reprochés au sieur L... ne se présentaient pas d'une façon aussi claire que dans les cas cités plus haut ; il n'était pas certain qu'on pût attribuer un caractère illégal à la combinaison qu'il avait organisée.

Précisons donc la nature de ses opérations afin de savoir si, réellement, elles modifiaient le caractère des valeurs à lots et tombaient, par conséquent, sous le coup de la loi de 1836.

Le sieur L... avait fondé une agence qui avait pour objet de placer des quarts d'obligations de la Ville de Paris et des dixièmes d'obligations du Crédit foncier.

Ces ventes étaient faites à crédit et à un taux supérieur au cours de la Bourse : ces titres étaient vendus, par exemple, 130 fr. payables en trois ans à 3 fr. 80 par mois.

Dès le versement du deuxième terme, l'acquéreur recevait le numéro du titre acheté, et concourait à tous les tirages : la valeur lui était remise aussitôt après le payement complet du prix d'acquisition.

L... s'engageait, de plus, à rembourser à 150 fr. tout quart ou dixième sorti au pair, à 100 fr.

Diverses personnes avaient acquis à Nancy des titres dans ces conditions; le tribunal de cette ville crut voir dans ces opérations le délit de loterie non autorisée. A ses yeux L... était coupable d'avoir provoqué, de la part de ses clients acheteurs, non de véritables placements de père de famille, mais de simples mises de jeu « en excitant le désir et l'espoir de gagner une forte prime », ce qui caractérise l'acte prohibé par la loi du 21 mai 1836.

Il ne s'agit plus là, on le voit, des *fractionnements arbitraires* dont nous parlions plus haut et condamnés par la jurisprudence : L... vendait bien des *quarts* de Ville et des dixièmes d'obligations du Crédit Foncier créés par la loi.

Il fut condamné par le tribunal et acquitté par la Cour de Nancy (arrêt du 29 décembre 1881).

Pouvait-on dire que L... avait dénaturé les conditions essentielles sous lesquelles le gouvernement avait autorisé l'émission de ces valeurs à lots?

Quelles modifications apportait-il pour qu'on pût dire qu'à côté de la *loterie licite*, il constituait une combinaison aléatoire nouvelle autre que cette loterie même ?

Il vendait les coupures telles qu'elles étaient créées par l'autorité publique : mais, d'un autre côté, il portait à 150 fr. le prix du remboursement des obligations sorties au pair.

Il prétendit qu'on ne pouvait voir là un appât jeté au public, mais une simple assurance : le prix d'achat étant de 136 francs, pour éviter une perte de 36 francs, L..., assurait en cas de sortie au pair, le remboursement à 150 francs.

Ce système triompha devant la Cour de Nancy qui déclara qu'elle ne pouvait attribuer un caractère illégal aux opérations du sieur L...

Cet arrêt, déféré à la Cour suprème, fut cassé, ainsi que nous l'avons dit, et la Cour de cassation releva un fait qui n'avait pas été remarqué jusque-là : c'est qu'aux termes d'une stipulation particulière, l'intérêt annuel *attaché à chacun des dixièmes* d'obligations Foncières, appartenait au sieur L... jusqu'à la libération définitive de l'acheteur : les titres ne donnaient droit, jusqu'au payement final, qu'aux chances de gain résultant de tirages trimestriels : par suite, pendant une période qui pouvait durer trois années, *le droit à l'intérêt* se trouvait *séparé* du droit *aux chances de gain.*

Voilà une première modification essentielle apportée au titre.

D'autre part, pour grossir l'aléa attaché légalement au dixième Foncier, valeur remboursable à 100 francs par voie de tirage, L... s'engageait à payer une prime de 50 francs pour le cas où, avant libération complète, le numéro du titre vendu viendrait à remboursement sans être accompagné d'un lot.

L..., en apportant ces deux changements, avait donc créé une opération aléatoire *lui appartenant en propre* et assimilée par la loi pénale à une loterie ; il fut cité à nouveau devant la Cour de Besançon qui prononça une condamnation en s'appuyant sur les motifs donnés par la Cour de cassation. En ne considérant que la question de droit, on peut conclure, à notre avis, que ce sont ces deux modifications : 1º la privation des intérêts ; 2º la promesse de verser 50 francs de plus que le remboursement au pair qui ont amené la condamnation du sieur L... On se demande, en conséquence, si, en supprimant ces changements, on peut regarder comme une organisation de loterie prohibée la simple mise en vente à prix fractionné de valeurs à lots autorisées avec payement d'intérêts et participation immédiate aux tirages.

CHAPITRE XXXVI

Titres au porteur. — Mentions manuscrites. — Cotes et paraphes. — Titres tachés, lacérés ou brûlés. — Exigences des Sociétés et des Compagnies de chemins de fer. — Libre circulation des titres.

Nous croyons intéressant de signaler aux propriétaires de titres quels sont leurs droits vis-à-vis des Sociétés, s'ils se trouvent avoir entre les mains des valeurs au porteur, cotées ou paraphées, lacérées, tachées, etc., ou munies d'une mention manuscrite quelconque. Avant l'arrêt de cassation du 31 mai 1881, lorsqu'ils présentaient ces titres, soit pour opérer la conversion ou obtenir une nouvelle feuille de coupons, soit pour toucher les coupons ou le capital remboursable, certaines Compagnies ne consentaient à faire droit à leur demande, que s'ils justifiaient de leur propriété ou déposaient une caution.

Cette exigence leur causait les plus grands embarras : « Notre responsabilité est engagée, leur répondait-on ; faites juger la question par les tribunaux. »

Engager un procès est chose toujours onéreuse et malaisée. Pendant longtemps, le petit rentier et le modeste porteur d'une ou deux obligations n'avaient guère qu'à s'incliner, à subir les conditions imposées, ou bien à renoncer à la libre jouissance de leurs titres.

Ce procès a enfin eu lieu : il a été intenté par plusieurs agents de change à la Compagnie du chemin de fer de Lyon, qui désirait, de son côté, voir ces difficultés tranchées, dans l'intérêt même de toutes les Compagnies ; celles-ci, du reste, n'hésiteraient pas à se conformer pour l'avenir à la jurisprudence définitivement adoptée.

Disons de suite que les prétentions de la Compagnie de Lyon ont été repoussées en première instance, en appel, et devant la Cour de cassation (arrêt du 31 mai 1881).

Parmi les titres qui firent l'objet de ces débats, les uns portaient dans un coin une mention : « Cote troisième, pièce première » et un paraphe : d'autres, des mots raturés et devenus illisibles ; quelques-uns, de simples taches d'encre ; d'autres avaient la marge légèrement entamée par un coup de ciseaux, etc. Ces signes étaient si peu visibles, que les titres étaient transmis de mains en mains, sans que personne les remarquât, ni les acheteurs, ni les intermédiaires.

Si donc, le propriétaire d'un titre au porteur coté et paraphé se présentait, par exemple, pour toucher une obligation amortie, voici ce qu'on exigeait de lui.

Ici, nous citons un extrait même du rapport présenté sur cette affaire devant la Cour :

« La Compagnie demandait qu'on produisît :

1° Un extrait de l'inventaire auquel se rapportaient les cotes et paraphes ;

2° Le consentement des héritiers ou des parties intéressées. Si les porteurs n'étaient pas à même de fournir ces justifications, il devait être fourni, comme caution, un titre représentant cinq années de revenus, moyennant quoi, les détenteurs percevraient librement leurs coupons, et si, après un délai de *trente* années, il n'y avait eu aucune revendication, ils recevraient de nouveaux titres intacts ».

Pour les valeurs avariées, la Compagnie offrait de les échanger sur la déclaration personnelle d'un agent de change, attestant que la prétendue brûlure ou lacération n'était point intentionnelle, mais le fait d'un accident !

Cette affirmation ne pouvait avoir lieu que dans des cas exceptionnels : en effet, comment un agent, recevant un titre qui avait passé par les mains de plusieurs acheteurs, pouvait-il savoir si une déchirure dans un coin de ce titre était ou non intentionnelle ?

A défaut de cette déclaration, la Compagnie avait les mêmes exigences que dans le premier cas : seulement, elle consentait à délivrer un nouveau titre au bout de *dix* ans au lieu de *trente* ans.

Quelle est donc, d'après ce système, la situation du propriétaire de titres ?

Lorsqu'il se présente à la Compagnie, muni de son obligation, pour toucher son capital ou ses coupons, on lui en refuse le payement en lui faisant remarquer un petit signe plus ou moins visible dans un coin : c'est un paraphe de notaire; il lui faudra rechercher la filière des vendeurs successifs, arriver à connaître le notaire et les héritiers afin d'obtenir leur consentement.

Puis, si ces démarches n'aboutissent pas, il n'aura plus qu'à se soumettre aux conditions énoncées plus haut !

D'après nous, ce porteur aurait plus d'avantage à brûler de suite son titre : la loi du 15 juin 1872 sur les valeurs au porteur perdues, volées ou détruites, est moins rigoureuse que la mesure prise contre lui par la Compagnie !

De plus, si un titre porte une trace de grattage ou de lavage, pourquoi rechercher si l'altération est due au hasard ou si elle est intentionnelle ?

Un tiers quelconque qui prétendrait avoir des droits à faire valoir, ne peut-il pas former une opposition qui saisira régulièrement l'établissement débiteur ?

Le propriétaire présente un titre au porteur: le paraphe d'un notaire ou une mention quelconque ne peut en changer le caractère et la Compagnie n'a rien à craindre des tiers.

Il n'y a, en effet, que deux sortes de titres : les titres au porteur et les titres nominatifs, et il ne dépend pas d'une Société ou d'un particulier de créer une troisième catégorie de valeurs.

Si le titre est au porteur, il peut être cédé par la simple tradition, par la remise de la main à la main, comme une monnaie; et puisque la Compagnie de Lyon a admis dans ses statuts cette classification, sa responsabilité est à l'abri lorsqu'elle paye le titre, hors les cas prévus par la loi du 15 juin 1872 sur les valeurs perdues ou volées.

Quant au propriétaire, il ne peut *individualiser* son titre au porteur en y inscrivant son nom ou une mention quelconque, parce que la détermination de la loi (articles 35 et 36 du Code de commerce) est supérieure à toutes les conventions privées.

Imaginer une catégorie de valeurs qui soient des titres nominatifs sans obliger le propriétaire à user des transferts; créer des titres au porteur sans la liberté de la tradition manuelle, c'est se placer en dehors de la loi.

On ne le peut pas plus qu'on ne pourrait enlever à un billet de banque ou à une pièce de monnaie leur caractère propre, en inscrivant sur ce billet une mention de propriété, ou en mettant sur la monnaie un signe particulier.

Il a donc été décidé qu'il ne peut dépendre d'une Société, dont les statuts admettent le titre au porteur, d'en restreindre la libre circulation en exigeant des détenteurs de ces titres des justifications *arbitraires* touchant leur droit de propriété.

En conséquence, toute mention inscrite sur un titre au porteur par son propriétaire ou par toute autre personne, spécialement le paraphe qui y serait apposé par un notaire lors d'un inventaire, ne saurait faire obstacle à cette transmissibilité par la simple tradition et donner à la Société débitrice le droit de contester la propriété du détenteur.

Ainsi, de deux choses l'une : ou la Compagnie a une opposition entre les mains, et cette opposition trace ses devoirs, les limite et les précise ; ou elle n'en a pas, et alors *rien* ne doit entraver la circulation des titres.

Telle est la conséquence de ce procès important, que nous avons tâché de résumer en évitant d'insister sur les questions de droit assez subtiles qui ont été discutées : nous avons voulu seulement en montrer le côté pratique : cet arrêt fait cesser la crainte qu'avaient les Compagnies d'engager leur responsabilité et met fin en même temps aux mesures rigoureuses qu'elles se croyaient obligées de prendre vis-à-vis des porteurs d'actions ou d'obligations.

CHAPITRE XXXVII

Don manuel de valeurs au porteur. — Conditions de validité. — De la règle : En fait de meubles, possession vaut titre. — Vente et rachat en Bourse.

Nous disions que la question des titres sortis au tirage était assez nouvelle et n'avait pas encore donné lieu à de nombreuses discussions judiciaires.

Il n'en est pas de même du sujet dont nous nous occupons maintenant : le don manuel est un de ceux qui amènent le plus de contestations devant les tribunaux : à ce titre, il nous a semblé qu'il ne serait pas sans intérêt d'en avoir une idée générale.

Sans sortir des limites qui nous sont tracées, nous essayerons d'en fixer les points les plus saillants pour qu'on puisse les saisir aisément.

Il peut paraître étrange, au premier abord, que le fait si simple de remettre des valeurs à un tiers de la main à la main ait pu occasionner tant de difficultés ; mais la multiplicité même des procès engagés à propos de dons manuels indique que cet acte, si peu compliqué en apparence, exige certaines mesures de prudence qu'il est bon de connaître.

Si l'on parcourt la longue nomenclature des décisions rendues en tous sens sur cette matière, l'idée générale qui s'en dégage est celle-ci : la solution des procès repose sur des justifications de faits laissées à l'appréciation des tribunaux, et ceux-ci se montrent très sévères pour l'examen des circonstances dans lesquelles a été fait le don manuel.

Prenons l'espèce qui se présente le plus souvent : Un propriétaire, pour récompenser un serviteur, lui donne des titres de la main à la main. Survient le décès du donateur : ses héritiers trouvent des bordereaux constatant l'achat de valeurs qui ont disparu, et les revendiquent entre les mains du détenteur.

En principe, la règle : *En fait de meubles, possession vaut titre,* devrait protéger le donataire qui n'aurait même pas de justification à fournir sur la façon dont il est devenu tiers porteur. Ce serait à celui qui conteste l'existence du don manuel allégué à faire la preuve contraire.

Mais, en fait, les juges, dans l'intérêt de la sécurité des familles, ont pendant longtemps été portés à une certaine rigueur vis-à-vis de ceux qui étaient l'objet de ces libéralités.

On en comprend aisément la raison : les titres au porteur ont un grand avantage dans cette transmission instantanée, sans embarras, sans formalité aucune, comme s'il s'agissait d'une pièce de monnaie ou d'un billet de banque ; mais, au point de vue de la loi, c'est un inconvénient que cette facilité même de cession qui, quelquefois, peut se prêter à la fraude.

C'est ce que signalait au Sénat le savant président Bonjean, le 2 juillet 1862, dans un langage éloquent, mais excessif, et empreint d'exagération, à notre avis :

« Spoliation des successions, disait-il à ce sujet, tantôt par l'hé-
» ritier présent au préjudice des absents, tantôt par une veuve,
» une garde-malade ou un serviteur infidèle ; détournement
» des valeurs de la communauté ; soustraction de l'actif en cas
» de faillite ; toutes ces infamies se peuvent accomplir avec trop
» de facilité...
» Avec les valeurs au porteur, il n'est pas une des dispositions
» de nos lois civiles qui ne puisse être facilement éludée. »

Nous avons cité à dessein ces paroles, qui semblent résumer l'opinion des juges en cette matière, et montrent avec quelle défiance, vis-à-vis des donataires, ils examinaient les questions de cette nature qui leur étaient soumises.

Hâtons-nous de dire que, dans ces dernières années, la jurisprudence s'est modifiée et a admis une interprétatiou plus large de la maxime : « En fait de meubles, possession vaut titre. »

Pourquoi, en effet, supposer la fraude et la mauvaise foi ?

Loin de nous l'idée d'enseigner le moyen de « respecter la loi en la tournant », mais ne peut-on imaginer un donataire tout à fait digne d'intérêt, et un propriétaire faisant des libéralités qui ne sont déshonorantes ni pour celui qui donne, ni pour celui qui reçoit?

Cette hypothèse une fois admise, on peut se féliciter que de récents arrêts se soient montrés plus favorables au don manuel.

En droit, sa validité n'a jamais été contestable ; mais, dans la pratique, la nullité en a souvent été déclarée par suite de l'*ignorance* ou de l'*imprudence* des parties en cause.

Il faut, pour que le don manuel soit à l'abri de toute discussion, que la possession des valeurs soit paisible, publique, continue, non équivoque : le porteur doit, en outre, détenir à titre de propriétaire, *animo domini*, et non à titre précaire.

Ce n'est pas au hasard que nous énumérons toutes ces épithètes ; le manque d'une de ces qualités dans la possession la rend irrégulière lorsqu'il s'agit de don manuel, et on peut dire, sans exagération, que chacun de ces adjectifs représente de nombreuses contestations en justice sur le moindre détail des circonstances de la cause.

Un seul exemple fera mieux saisir notre pensée : nous le prenons dans un jugement du 27 janvier 1874. Une domestique prétendait que son maitre lui avait donné des valeurs la veille de sa mort : elle avait déposé ses titres dans un meuble dont elle les avait retirés le lendemain du décès.

Ainsi, le simple fait de les laisser dans un meuble au lieu de les emporter a suffi pour faire déclarer que le donataire n'apportait pas une preuve satisfaisante du don manuel.

Nous pourrions faire un très grand nombre de citations du même genre.

Aussi bien nous croyons avoir démontré que les mesures les plus prudentes, les précautions les plus minutieuses doivent être prises par le donateur et le donataire, s'ils ne veulent pas voir : l'un, sa volonté méconnue ; l'autre, sa probité mise en doute et ses intérêts lésés.

Nous n'avons pas la prétention, dans un espace si restreint, d'avoir traité la question du don manuel et tous les points qui s'y rattachent : nous avons seulement cherché à en signaler la gravité trop souvent méconnue, en présence des difficultés qui s'élèvent chaque jour à ce sujet.

Nous disions plus haut que la jurisprudence était devenue plus favorable au donataire : on trouve, dans les années 1880 et 1881, trois arrêts de la Cour de cassation :

L'un, du 11 août 1880 (*Droit* du 16 août), où le don est reconnu valable malgré une réserve d'usufruit faite par le donateur. Par arrêt de la Cour d'appel de Paris du 21 novembre 1879 (*Droit* du 29 novembre), à *cause de cette réserve*, le don avait été annulé.

Une décision dans le même sens de la Cour d'appel de Paris du 16 août 1878 a été cassée par arrêt du 15 novembre 1881.

Enfin, un arrêt du 11 août 1880 (voir *Droit* du 14) donne aussi gain de cause au donataire.

Nous bornons là nos citations qui n'ont eu pour but que de montrer combien les jurisconsultes les plus éminents sont encore partagés dans leur opinion.

« Aussi, pour sauvegarder tous les intérêts, serait-il préférable, au lieu de donner des titres, de les vendre en Bourse et de les faire racheter au nom du tiers qui reçoit la libéralité. » (Solution proposée par M. Buchère, dans son *Traité des Valeurs mobilières*.)

La négociation, avec la présentation du bordereau de l'agent de change, suffira pour justifier de la transmission régulière des valeurs et éviter *toute contestation possible* dans l'avenir.

CHAPITRE XXXVIII

Chemin de fer des Charentes. — Rachat par l'Etat. — Mise en liquidation. — Remboursement anticipé. — Droit des obligataires et porteurs de bons. — Taux des intérêts. — Caractère usuraire.

Un arrêt de cassation du 18 avril 1883, rendu dans l'affaire du Chemin de fer des Charentes, a décidé ceci :

I. — Des bons émis par une Société anonyme avec l'autorisation ministérielle, produisant, au taux d'émission, le maximum de l'intérêt légal et en outre une prime de remboursement, établissent entre la Société et les preneurs un contrat spécial tenant à la fois du prêt et du contrat aléatoire.

Par suite, ne viole pas les lois de 1807 et 1850 sur l'usure l'arrêt qui accorde aux porteurs : 1° une somme représentant le taux moyen d'émission ; 2° une autre somme à titre de dommages-intérêts.

II. — Il n'y a pas force majeure pouvant dispenser la Société de payer des dommages-intérêts quand l'Etat n'a pas imposé le rachat à la Compagnie, mais au contraire a été sollicité à cet effet par elle.

L'importance des intérêts engagés nous invite à nous reporter un instant en arrière et à rappeler brièvement les faits qui avaient donné naissance au procès :

La Compagnie des Charentes avait émis diverses obligations du type ordinaire des Compagnies de chemins de fer rapportant 15 fr. d'intérêt annuel et remboursables à 500 fr. par voie de tirages au sort annuels en 99 ans ; en 1872, elle fut autorisée à émettre à 220 fr. des bons remboursables à 250 fr. en douze années, aussi par voie de tirages annuels et rapportant un intérêt de 15 francs.

Mais cette Compagnie se trouvant dans l'impossibilité de continuer et d'exploiter ses lignes, sa concession fut rachetée par l'Etat, suivant convention du 31 mars 1877 et sentence arbitrale du 26 septembre suivant, ratifiées par la loi du 18 mai 1878. Ce prix fut fixé d'après le prix réel de premier établissement, et *payé en deux années*.

La Compagnie des Charentes s'est dissoute, a été mise en liquidation le 4 juin 1878, et depuis a été déclarée en faillite.

Des difficultés s'élevèrent alors entre les liquidateurs de la Société et les porteurs d'obligations ou de bons. Ceux-ci prétendaient tous être remboursés d'après la valeur nominale des bons et obligations, et recevoir le prix auquel ils auraient eu droit au moyen des tirages annuels.

Le 21 février 1881, la Cour de Paris rendit la décision suivante :

Une Compagnie de chemins de fer, en traitant avec les porteurs d'obligations et de bons par elle émis, contracte avec ceux-ci un engagement complexe consistant, d'une part, dans l'obligation de payer à terme une somme déterminée, et, d'autre part, dans un mode de remboursement, à délai variable, au moyen de tirages au sort successifs et annuels.

Un engagement de cette nature ne constitue pas seulement une obligation de donner, mais une obligation de faire, dont l'inexécution rend la Compagnie débitrice passible de dommages-intérêts, si elle ne justifie d'un cas de force majeure.

L'indemnité à raison de la perte doit être calculée sur le taux moyen d'émission des titres lorsque le porteur n'établit ni l'époque ni le prix de son acquisition ; pour déterminer le gain dont il a été privé, il y a lieu de tenir compte de la plus-value résultant des chances de remboursement devenues plus favorables en proportion des tirages effectués.

Spécialement à l'égard des porteurs de bons, le taux des dommages-intérêts devra être plus élevé à raison du délai plus court fixé pour l'amortissement de leurs titres.

On comprend l'intérêt que présente, au point de vue pratique, la question ainsi résolue : il s'agit de déterminer les droits des porteurs d'obligations ou de bons émis par des Sociétés industrielles, en cas de remboursement anticipé de leurs titres.

Ainsi, la Cour avait accordé aux obligataires des Chemins de fer des Charentes, par obligation :

1° 279 fr. 94, taux moyen d'émission ;
2° 50 fr., dommages-intérêts ;
3° 21 fr. 94, coupons et intérêts échus au 17 mai 1879.

Pour les bons, elle avait accordé :

220 fr. 93, taux moyen d'émission ;
24 fr., dommages-intérêts ;
15 fr. 80, coupons et intérêts échus au 18 août 1878.

Le syndic se pourvut en cassation : il voulait faire retrancher aux porteurs les dommages-intérêts qui leur avaient été alloués, et prétendait à l'appui de son système que le taux de l'intérêt légal se trouvant dépassé, la Cour avait consacré un contrat usuraire.

Ce pourvoi fut admis et renvoyé à l'examen de la chambre civile, qui le rejeta en ces termes :

« Attendu que les bons émis par la Compagnie des Charentes avec autorisation ministérielle, et négociables d'un autre côté sur le marché des Fonds publics, constituaient entre la Compagnie et ceux qui s'étaient rendus acheteurs un contrat d'une nature spéciale participant à la fois du prêt à intérêts et des contrats aléatoires ;

» Que dans ces conditions les lois de 1807 et 1850 n'étaient pas applicables ;

» Attendu qu'en accordant la somme réclamée, l'arrêt a suffisamment répondu au moyen tiré de la violation de ces lois ;

» Sur le deuxième moyen :

» Attendu que la concession des chemins de fer des Charentes ne remontant pas à quinze années, la loi du 20 mars 1874 ne pouvait être utilement invoquée par l'Etat à cette fin d'imposer le rachat à la Compagnie ;

» Que, d'autre part, l'arrêt attaqué constate, par une appréciation souveraine de certaines circonstances de fait, que la Compagnie des Charentes n'a nullement subi le rachat par l'État, mais l'a plutôt sollicité et librement consenti ;

» Attendu, en conséquence, que la Cour d'appel de Paris, en déclarant la Compagnie mal fondée à prétendre que, dans les conditions où il a eu lieu, le rachat constituait un cas de force majeure, et en la condamnant à des dommages-intérêts pour inexécution de ses obligations, a fait une juste application des articles 1147 et 1148 du Code civil ;

» Par ces motifs, rejette le pourvoi. »

Cet arrêt fixe la jurisprudence pour le cas de remboursement anticipé par suite *d'une mise en liquidation volontaire ;* il est, à notre connaissance, le premier qui ait statué directement sur la question.

Le remboursement anticipé aux porteurs d'obligations peut aussi résulter d'une *déclaration de faillite.* Il existe, dans ce second cas, de nombreuses décisions dont le système peut se résumer en ces termes : la créance des obligataires se réduit au taux d'émission de leurs titres, accru de la somme des fractions d'intérêts qui ont couru jusqu'au jour de la déclaration de faillite, et d'une indemnité représentative de l'accroissement de valeur des obligations, en raison des chances de remboursement.

Un autre arrêt, que nous croyons utile de noter aussi, a été rendu le 2 août par la Cour d'appel de Paris, au profit des obligataires de la Compagnie des Charentes, còntre le syndic de la faillite. Cette nouvelle décision est conforme à celle du 21 février 1881. Il y était déclaré que la vente à l'État de ses lignes avait été de la part de la Compagnie des Charentes un acte volontaire ; que la Compagnie, ne pouvant plus tenir par son fait ses engagements, devait être condamnée à des dommages-intérêts.

Postérieurement à cet arrêt, la Compagnie des Charentes déposa son bilan, et le syndic de la faillite refusa d'admettre au passif, pour la valeur fixée par la Cour, les obligataires et les porteurs de bons qui n'avaient pas été en cause au procès. Il soutint que la faillite avait tout modifié et que les porteurs d'obligations et de bons n'avaient qu'un droit : voir leur créance fixée d'après le taux d'émission de leurs titres. Plusieurs intéressés reproduisirent les prétentions émises lors du procès vidé le 21 février 1881 et réclamèrent le remboursement au taux nominal des titres.

La Cour, dans un dispositif très longuement motivé, fixe à 390 fr. 40 pour chaque obligation et à 301 fr. 64 par chaque bon les droits des réclamants.

CHAPITRE XXXIX

Obligataires. — Compagnie des chemins de fer nantais. — Rachat par l'Etat. — Demande de nomination de séquestre. — Rejet. — Société nulle. — Faillite. — Taux d'admission des obligations. — Tiers porteurs de bonne foi.

Cette matière des droits des obligataires offre un très grand intérêt pratique à cause du développement des affaires qu'amène sans cesse la création de Sociétés nouvelles ; ces Sociétés, pour se procurer les capitaux nécessaires à leurs opérations, émettent des obligations destinées à être placées entre les mains du public : il importe donc aux innombrables propriétaires d'obligations d'être fixés sur la valeur et l'étendue de leurs droits dans les diverses circonstances qui peuvent se présenter.

Ces raisons nous engagent à parler d'une action judiciaire intentée par un obligataire contre la Compagnie des chemins de fer nantais rachetés par l'Etat.

Il ne s'agit plus d'une Société en faillite ou en liquidation et l'affaire se présente dans des conditions très simples.

Le 26 avril 1877, la Compagnie des chemins de fer nantais, autorisée par une assemblée générale, cédait à l'Etat les lignes dont elle était concessionnaire ; le prix de rachat était payable dans un délai de deux ans à partir de l'approbation des pouvoirs publics : l'article 5 du traité était ainsi conçu : « La Compagnie des chemins de fer nantais demeure chargée de faire entre les ayants droit la distribution du prix de rachat sans que l'Etat ait, à aucun titre, à intervenir dans cette distribution. »

Dans ces circonstances, un sieur B..., propriétaire de trente obligations, prétendant que la vente de la concession consentie par la Compagnie et la détention par elle du prix de rachat mettaient ses droits en péril, a actionné la Compagnie devant le tribunal civil de Nantes pour faire nommer un séquestre chargé de prendre sur les fonds déposés au Comptoir d'Escompte et qu'il avait frappés de saisie-arrêt, une somme suffisante pour assurer le service des obligations pendant la durée du contrat.

Ces prétentions ont été accueillies par un jugement du 3 mars 1879, qui a nommé un séquestre entre les mains duquel la Compagnie devait déposer trente obligations 3 0/0 de l'une des grandes Compagnies de chemins de fer français, rapportant 15 fr. d'intérêt annuel et remboursables à 500 fr., pour servir de garantie aux trente obligations dont M. B... était porteur.

Ce jugement a été confirmé par la Cour de Rennes du 30 juillet 1879. Mais la Cour suprême a cassé l'arrêt.

La Cour d'appel s'était appuyée notamment sur l'article 1188, ainsi conçu : « Le débiteur ne peut plus réclamer le bénéfice du terme lorsqu'il a fait faillite, ou lorsque, par son fait, il a *diminué les sûretés* qu'il avait données par le contrat à son créancier. »

Il fut jugé par la Cour de cassation que le porteur d'obligations d'une Compagnie de chemins de fer qui a rétrocédé son réseau à l'Etat ne peut prétendre que ses droits se trouvent compromis par le fait de cette rétrocession ; il n'y a donc pas lieu pour lui de demander à la justice, des mesures telles que la nomination d'un séquestre lorsque, aux termes des statuts, les obligations n'ont été garanties par aucune sûreté spéciale. Il y avait donc eu une fausse interprétation de l'article 1188.

Attendu, en fait, ajoutait la Cour, que les obligations des Chemins de fer nantais, dont B... est créancier, n'ont été garanties par aucune sûreté spéciale ; que les travaux de la voie ferrée, son matériel et les revenus de l'exploitation, n'avaient point été affectés à titre de privilège ou de gage au payement de ces obligations ; que les statuts de la Compagnie lui réservaient la faculté de faire tous traités, réunions, fusions, alliances et modifications à ces statuts ;

Attendu qu'après la cession convenue par elle avec l'Etat, des lignes dont elle était concessionnaire, la Compagnie des chemins de fer nantais, n'est point entrée en liquidation et qu'elle restait chargée de travaux importants de chemins de fer ;

Attendu qu'elle ne s'est point refusée à l'exécution de ses engagements envers B... ;

Que B... ne demande contre elle ni la déchéance du terme, ni la résolution de la convention ; que, concluant à l'exécution du contrat, il ne peut l'obtenir que dans les conditions convenues et non avec des changements onéreux pour le débiteur ;

Qu'en ordonnant entre les mains d'un séquestre un dépôt d'obligations à titre de gage, l'arrêt attaqué a faussement interprété la loi. Par ces motifs, casse et annule l'arrêt de la Cour de Rennes du 30 juillet 1879.

On peut se demander si cette solution, qui paraît conforme aux principes du droit sur la matière, est bien juste dans l'espèce, et s'il n'y avait pas lieu de considérer la rétrocession faite à l'État, par la Compagnie des chemins de fer nantais, comme une atteinte aux droits des obligataires, dont le gage se trouvait ainsi transformé.

On se trouve ici, non point en présence d'un simple particulier auquel le prêteur a pu faire confiance en considération de sa

personne, mais en présence d'une Société anonyme, être imper-
sonnel, qui n'est représenté que par les capitaux des actionnaires
Les obligataires n'ont apporté leurs fonds qu'en considération de
l'exploitation annoncée ou en cours d'exécution.

Ne peut-on pas dire que, dans une certaine mesure, la sûreté
fournie était l'exploitation et qu'au jour où l'exploitation vient à
cesser par le fait de la Compagnie, les sûretés des prêteurs se
trouvent diminuées ?

La Cour suprême, après avoir examiné ces graves considérations, les a cependant repoussées. En effet, les dispositions de
l'article 1188 ne pouvaient ici recevoir leur application, car les
statuts ne contenaient, au profit des obligataires, aucune garantie
expressément stipulée comme condition du crédit obtenu par la
Compagnie.

CHAPITRE XL

Des Syndicats financiers.

En matière de Bourse, on appelle *syndicat* la réunion d'un
certain nombre de détenteurs de titres, qui sont convenus entre
eux de ne les vendre qu'à un prix déterminé. La validité des syndicats financiers n'est pas contestée par les tribunaux, et la loi
n'en prononce pas la nullité. Nous pourrions citer un très grand
nombre de décisions sur cette matière, émanant des tribunaux
civils ou de commerce ; nous ne citerons, parmi ces jugements,
que quelques passages des plus saillants, au point de vue qui
nous occupe.

Les personnes qui forment une participation, pour arriver à la
constitution d'une Société de crédit, font acte de commerce ;
quand il y a entre diverses personnes formant groupe, une Société en participation pour un but déterminé, et que ce but a été
atteint, il y a lieu de procéder à la liquidation et d'établir les
droits de chacune des parties (Tribunal de commerce, 9 janvier
1882. Affaire Darbon contre Veil-Picard).

Quand une association en participation ou syndicat a été
formée, ayant pour objet précis la concentration dans ses mains
des actions d'une Société pour en opérer, à une époque déterminée, ou la vente au profit des associés ou la répartition entre
les adhérents, si, contrairement à ces conventions, l'un des participants vend les actions par lui acquises, pour le compte du syndicat, il le fait sans droit.

La convention constitutive du syndicat est un contrat synallagmatique, qui ne peut être annulé que du consentement unanime de toutes les parties (Tribunal de commerce, 21 juin 1882. Affaire de la Banque d'Escompte).

Un syndicat est libre de vendre ses actions au prix le plus avantageux qu'il en peut trouver (Tribunal civil, 6 juillet 1881. Affaire des Chemins de la Vendée).

Le principe ainsi admis, voici, par exception, un cas de nullité de syndicat qui nous a paru intéressant à signaler : la décision émane de la Cour d'Aix (29 novembre 1883). Un sieur N... réclamait à la Société nouvelle de Banque et de Crédit, une somme de 50,000 fr. qu'il avait déposée à la succursale de la Société, à Nice, pour faire partie d'un syndicat ayant pour but l'achat de mille actions de l'émission nouvelle de cette Société. Il résulta des débats que le *fondateur* de ce syndicat n'avait été que le *prête-nom* de la Société, laquelle opérait ainsi un agiotage illicite sur ses propres actions ; de plus, les conditions substantielles, stipulées pour la constitution du syndicat, son fonctionnement, sa durée, n'avaient pas été réalisées. Dans ces circonstances, la Société dut rembourser au sieur N... le montant intégral de son versement ; la nullité du syndicat, qu'on le note bien, n'avait été prononcée que parce que le fondateur était le prête-nom de la Société qui opérait sur ses propres titres.

Il n'existe donc pas de controverse sérieuse sur la validité des syndicats en général, mais certains jurisconsultes, frappés des abus qu'avaient pu occasionner des associations de cette nature, sont allés jusqu'à prétendre que de pareilles associations étaient prohibées par la loi « lorsqu'elles sont formées dans le but d'amener la hausse ou la baisse ».

Ils s'appuient sur l'article 419 du Code pénal, qui défend « *la réunion ou coalition entre les principaux détenteurs d'une même marchandise ou denrée, dans le but de ne pas la vendre ou de ne la vendre qu'à un certain prix* ».

Le même article interdit « *d'opérer par des voies ou moyens frauduleux la hausse ou la baisse du prix des denrées ou marchandises ou des papiers et effets publics au-dessus ou au-dessous du prix qu'aurait déterminé la concurrence naturelle et libre du commerce* ».

Les éléments constitutifs de ces délits se rencontrent-ils avec les mêmes caractères dans les syndicats financiers ?

La question a donné lieu à de vifs débats purement théoriques (voir la *Loi* des 18 novembre, 22 novembre et 12 décembre 1882) ; on a commenté, avec force arguties et subtilités, le sens dans lequel on doit comprendre les mots « denrées, marchandises, effets publics ».

Nous n'avons pas à intervenir dans ces discussions juridiques ; mais il nous est facile de constater un fait, c'est que, dans les nombreux procès civils ou commerciaux auxquels nous faisions allusion plus haut, on a parlé des syndicats avec la plus entière liberté, sans que jamais le ministère public ait songé à exercer des poursuites contre les participants.

Bien des syndicats ont fonctionné dans ces dernières années : nous ne disons pas que de graves abus n'en soient pas résultés ; nous ne sachons pas que les tribunaux correctionnels aient eu à se prononcer sur la question de l'application de l'article 419.

Ceux qui pensent que l'article 419 est applicable citent des arrêts qui ne s'appliquent pas absolument à notre question ; ils raisonnent par analogie, et quand il s'agit de loi pénale, tout est de droit étroit. Cette matière a été très consciencieusement examinée par M. Worms (Journal *la Loi* du 22 novembre 1882). Nous y voyons qu'il faut remonter à l'année 1843 (chambre correctionnelle de la Cour de Paris, 1er juin 1843) pour trouver un arrêt énonçant : « que les actions des entreprises privées NE SONT PAS au nombre des valeurs protégées par l'article 419 ».

Cet article, dans son texte, ne mentionne que les papiers et effets publics, les denrées et marchandises ; il est évident que le législateur n'a voulu s'occuper que des choses qui intéressent la généralité des citoyens, savoir : les papiers et effets publics dont la valeur ne saurait être attaquée sans porter atteinte au crédit de l'Etat, les denrées et marchandises dont la vente et la circulation importent aux intérêts généraux du commerce et qui doivent nécessairement être livrées à la concurrence.

« Les actions, dans les associations particulières, ne sont pas des papiers et effets publics, et on ne saurait les considérer comme marchandises devant être nécessairement livrées à la concurrence et au commerce ». Voilà qui est précis. De plus, il y a un point dont ne se sont peut-être pas assez préoccupés les adversaires des syndicats : c'est qu'il faudrait prouver que la coalition ou association en participation a eu pour conséquence une hausse ou une baisse, question de fait laissée à l'appréciation des juges et qui ne serait pas toujours facile à trancher.

CHAPITRE XLI

Rentes départementales.— Payement des arrérages.— Retards — Délais. — Instructions du ministère des finances.

De nombreuses réclamations ont lieu chaque jour, de la part des rentiers, au sujet des difficultés qu'ils rencontrent lorsqu'ils se présentent pour toucher leurs arrérages au Trésor, notamment en ce qui concerne les Rentes départementales.

Peut-être, en effet, pourrait-on modifier certaines formalités de détail qui occasionnent des pertes de temps, et abréger les délais dans les circonstances relatées plus loin, grâce à la facilité des communications dont on dispose aujourd'hui. Mais, d'un autre côté, il faut reconnaître que l'ignorance ou la négligence des intéressés est bien souvent la cause de retards ou de lenteurs préjudiciables. Nous croyons, pour notre part, tout en exprimant le désir de voir se réaliser quelques réformes dans l'intérêt du public, que les rentiers sont généralement trop peu familiarisés avec leurs droits et la manière de les exercer. Aussi, pensons-nous qu'il n'est pas sans utilité de mettre sous les yeux de nos lecteurs le résumé de quelques-unes des mesures à prendre en fait de payement d'arrérages, soit à Paris, soit dans les départements.

Ces extraits sont tirés du livre très intéressant de M. Foyot : *Le Guide du rentier sur l'Etat ; ses relations avec le Trésor.*

Nous ne pouvions puiser à meilleure source nos renseignements.

Nous venons de parler de Rentes départementales. Rappelons brièvement ce qu'on appelle Rentes départementales :

Dans l'origine, les formalités pour la vente d'une inscription de Rente et la régularisation des transferts ne pouvaient être remplies qu'à Paris, où se trouve déposé le Grand-Livre.

En 1819, un projet de loi portant création d'inscriptions départementales fut présenté par le ministre des finances, dans le but de donner au crédit public un nouvel appui, de vulgariser les Rentes sur l'Etat en les faisant entrer dans le patrimoine des familles et en les répandant entre les mains des propriétaires habitant les diverses provinces,

Par suite de l'adoption de ce projet, la loi du 14 avril 1819 ordonna qu'il serait ouvert au Grand-Livre, au nom de la recette générale de chaque département, un compte collectif comprenant, sur la demande des rentiers, les inscriptions dont ils sont propriétaires.

La loi décrète, en conséquence, la tenue par chaque receveur général d'un registre spécial, auxiliaire du Grand-Livre, d'où sont détachées les inscriptions départementales qui doivent être délivrées aux rentiers.

La Rente nominative comprend donc ainsi des inscriptions directes et des inscriptions départementales.

Pour les opérations auxquelles elles donnent lieu, ces dernières inscriptions sont soumises aux règles suivies pour les inscriptions directes, sauf la différence suivante : les Rentes de cette espèce, quand elles sont inscrites au livre auxiliaire d'un département où se tient une Bourse de commerce, ont cet avantage qu'elles peuvent être transférées directement par le trésorier général et l'agent de change de la localité, sans passer par l'administration centrale. Les rentiers y gagnent *beaucoup en célérité* tant pour la réalisation du transfert que pour le remploi des fonds à en provenir, à moins que les trésoriers ne trouvent insuffisantes les pièces ou justifications qui leur sont transmises, ce qui se présente assez fréquemment, auquel cas tout le dossier est renvoyé au bureau central à Paris.

Ces Rentes départementales sont les seules valeurs nominatives que les agents de change des départements aient la faculté de transférer sans avoir recours à la Bourse de Paris.

Il est une certaine catégorie de créanciers qui ne peuvent posséder que des Rentes inscrites aux livres auxiliaires des départements (loi du 14 avril 1819), ce sont tous les établissements publics ou religieux, tels que les fabriques d'église, les cures, les *Sociétés de secours mutuels* reconnues par l'Etat, les communes, les hospices, etc.

Si les rentiers gagnent en célérité, comme nous venons de le dire, pour la réalisation des transferts, il n'en est pas de même lorsque propriétaires d'une Rente inscrite à Bordeaux, par exemple, ils veulent toucher leurs arrérages à Paris. Même en tenant compte des délais nécessités par une vérification et un contrôle indispensables, les intéressés se heurtent encore à mille difficultés qu'ils serait oiseux d'énumérer, mais qui nécessitent bien des courses et des frais inutiles.

Le seul moyen pratique de remédier, autant que possible, à cet état de chose est, croyons-nous, de fixer l'attention sur les formalités exigées par le Trésor : elles ne sont pas impraticables, et il suffira aux rentiers de les connaître pour s'éviter les délais et les retards dont ils se plaignent à tort ou à raison.

Le payement des coupons d'arrérages au porteur s'effectue à présentation à la caisse centrale du Trésor public à Paris (ministère des finances) et, dans les départements, aux caisses des trésoriers-payeurs généraux et receveurs des finances et chez tous les percepteurs.

Par décision ministérielle du 21 février 1874, le ministre des finances a également autorisé les percepteurs de Paris à payer les coupons d'arrérages de Rentes sous la condition que les bordereaux présentés à l'encaissement, dans la même journée par une même personne, ne comprendront pas plus de 20 coupons et ne s'élèveront pas à plus de 500 fr.

Les arrérages de Rentes nominatives, contrairement aux arrérages de Rentes au porteur, ne sont payables qu'à Paris, à moins que les parties n'aient désigné à l'avance, au moment de l'immatriculation des Rentes à leur nom, le département dans lequel elles entendaient recevoir les arrérages de leurs Rentes.

Les titulaires d'inscriptions de Rentes sur l'Etat, qui passent d'un département dans un autre, ont la faculté de toucher leurs arrérages dans le département de leur nouvelle résidence : mais pour jouir de cet avantage, *sans éprouver de retard au moment des échéances,* ils doivent en faire la demande dans les lieux et, au plus tard, aux époques ci-après, savoir :

A la direction de la Dette inscrite à Paris.

Rente 5 0/0 : les 25 janvier, avril, juillet et octobre ;

3 0/0 : les 10 mars, juin, septembre et décembre ;

4 1/2 : les 28 février et 31 août.

A la recette générale et aux recettes particulières des finances dans les départements.

5 0/0 : 20 janvier, avril, juillet et octobre ;

3 0/0 : 5 mars, juin, septembre, décembre ;

4 1/2 : 28 février et 31 août.

Pour toucher dans un arrondissement de sous-préfecture, les rentiers doivent en faire la demande, soit à la recette particulière de cet arrondissement, soit à la Trésorerie générale du département, dix jours au moins avant l'échéance.

Il n'est pas nécessaire que les porteurs de titres se présentent dans les bureaux des comptables pour les demandes dont s'agit ; ils peuvent le faire par lettre, en ayant soin d'indiquer exactement : le numéro de l'inscription de Rente et celui de la série ; le montant de la Rente et sa nature (5 ou 3 0/0), le nom du rentier, le lieu où la Rente était payable, le lieu où l'on désire être payé (Instruction générale, 1859, art. 669).

Les rentiers qui résident hors du chef-lieu d'arrondissement peuvent, pour toucher les arrérages échus de leurs inscriptions nominatives, déposer leurs titres entre les mains du percepteur de leur commune : ce dernier les transmet au receveur des finances qui, après les avoir estampillés, les renvoie au percepteur revêtus du vu : Bon à payer (Instruction générale, art. 673).

Cependant, si les rentiers n'avaient pu ou avaient négligé de prendre assez à temps les dispositions nécessaires pour rendre leurs Rentes payables au lieu actuel de leur résidence, le Trésor et les trésoriers généraux n'en procèdent pas moins au payement des arrérages ; mais ce payement ne peut avoir lieu que vingt jours après le moment de la présentation des titres. Ce retard s'explique par la nécessité imposée aux comptables de s'assurer qu'il n'existe pas d'opposition, et que le payement n'a pas été déjà effectué au lieu primitivement désigné.

Dans ce cas, les rentiers doivent signer à l'avance une quittance spéciale d'arrérages, dite quittance visée, qui devra, avant payement, être revêtue du visa du comptable à la caisse duquel la Rente était payable (Instruction générale, art. 681 et 684).

Pour faciliter et pour assurer aux rentiers le payement à date fixe des arrérages de Rentes, et pour leur éviter surtout la perte de temps qui résulte de l'affluence du public à chaque échéance, des guichets spéciaux sont ouverts au ministère des finances, pour recevoir, avant échéance, le dépôt des titres et des coupons de Rentes.

Sur la remise des inscriptions de Rentes nominatives ou des coupons d'arrérages au porteur à la caisse centrale du Trésor public, il est délivré aux parties un récépissé de dépôt, sur la présentation duquel le payement est opéré à l'échéance.

Des avis placardés à chaque échéance font connaître au public la date à laquelle ces dépôts sont reçus au Trésor.

LOI RELATIVE AUX TITRES AU PORTEUR

Du 15 juin 1872

(PROMULGUÉE AU *Journal officiel* DU 5 JUILLET 1872)

Bulletin des Lois n° 97.

L'Assemblée nationale a adopté,

Le Président de la République française promulgue la loi dont la teneur suit :

Article premier. — Le propriétaire de titres au porteur, qui en est dépossédé par quelque événement que ce soit, peut se faire restituer contre cette perte dans la mesure et sous les conditions déterminées dans la présente loi.

Art. 2. — Le propriétaire dépossédé fera notifier par huissier à l'établissement débiteur un acte indiquant : le nombre, la nature, la valeur nominale, le numéro, et, s'il y a lieu, la série des titres.
Il devra aussi, autant que possible, énoncer :

1° L'époque et le lieu où il est devenu propriétaire, ainsi que le mode de son acquisition ;

2° L'époque et le lieu où il a reçu les derniers intérêts ou dividendes ;

3° Les circonstances qui ont accompagné sa dépossession. Le même acte contiendra une élection de domicile dans la commune du siège de l'établissement débiteur.

Cette notification emportera opposition au payement tant du capital que des intérêts ou dividendes échus ou à échoir.

Art. 3. — Lorsqu'il se sera écoulé une année depuis l'opposition sans qu'elle ait été contredite, et que, dans cet intervalle, deux termes au moins d'intérêts ou de dividendes auront été mis en distribution, l'opposant pourra se pourvoir auprès du président du tribunal civil du lieu de son domicile, afin d'obtenir l'autorisation de toucher les intérêts ou dividendes échus ou à échoir au fur et à mesure de leur exigibilité, et même le capital des titres frappés d'opposition dans le cas où ledit capital serait ou deviendrait exigible.

Art. 4. — Si le président accorde l'autorisation, l'opposant devra, pour toucher les intérêts ou dividendes, fournir une caution solvable dont l'engagement s'étendra au montant des annuités exigibles ; et, de plus, à une valeur double de la dernière annuité échue.

Après deux ans écoulés depuis l'autorisation, sans que l'opposition ait été contredite, la caution sera de plein droit déchargée.

Si l'opposant ne veut ou ne peut fournir la caution requise, il pourra, sur le vu de l'autorisation, exiger de la Compagnie le dépôt à la Caisse des Dépôts et consignations des intérêts ou dividendes échus et de ceux à échoir, au fur et à mesure de leur exigibilité. Après deux ans écoulés depuis l'autorisation sans que l'opposition ait été contredite, l'opposant pourra retirer de la Caisse des Dépôts et consignations les sommes ainsi déposées, et percevoir librement les intérêts et dividendes à échoir, au fur et à mesure de leur exigibilité.

Art. 5. — Si le capital des titres frappés d'opposition est devenu exigible, l'opposant qui aura obtenu l'autorisation ci-dessus pourra en toucher le montant à charge de fournir caution. Il pourra, s'il le préfère, exiger de la Compagnie que le montant dudit capital soit déposé à la Caisse des Dépôts et consignations.

Lorsqu'il se sera écoulé dix ans depuis l'époque de l'exigibilité et cinq ans au moins à partir de l'autorisation sans que l'opposition ait été contredite, la caution sera déchargée, et, s'il y a eu dépôt, l'opposant pourra retirer de la Caisse des Dépôts et consignations les sommes en faisant l'objet.

Art. 6. — La solvabilité de la caution à fournir, en vertu des dispositions des articles précédents, sera appréciée comme en matière commerciale. S'il s'élève des difficultés, il sera statué en référé par le président du tribunal du domicile de l'établissement débiteur.

Il sera loisible à l'opposant de fournir un nantissement aux lieu et place d'une caution. Ce nantissement pourra être constitué en titres de rentes sur l'Etat. Il sera restitué à l'expiration des délais fixés pour la libération de la caution.

Art. 7. — En cas de refus de l'autorisation dont il est parlé en l'article 3, l'opposant pourra saisir, par voie de requête, le tribunal civil de son domicile, lequel statuera après avoir entendu le ministère public. Le jugement obtenu dudit tribunal produira les effets attachés à l'ordonnance d'autorisation.

Art. 8. — Quand il s'agira de coupons au porteur détachés du titre, si l'opposition n'a pas été contredite, l'opposant pourra, après trois années, à compter de l'échéance et de l'opposition, réclamer le montant desdits coupons de l'établissement débiteur, sans être tenu de se pourvoir d'autorisation.

Art. 9. — Les payements faits à l'opposant, suivant les règles ci-dessus posées, libèrent l'établissement débiteur envers tout tiers porteur qui se présenterait ultérieurement. Le tiers porteur au préjudice duquel lesdits payements auraient été faits conserve seulement une action personnelle contre l'opposant qui aurait formé son opposition sans cause.

Art. 10. — Si, avant que la libération de l'établissement débiteur ne soit accomplie, il se présente un tiers porteur des titres frappés d'opposition, ledit établissement doit provisoirement retenir ces titres contre un récépissé remis au tiers porteur: il doit, de plus, avertir l'opposant, par lettre chargée, de la présentation du titre en lui faisant connaître le nom et l'adresse du tiers porteur. Les effets de l'opposition restent alors suspendus jusqu'à ce que la justice ait prononcé entre l'opposant et le tiers porteur.

Art. 11. — L'opposant qui voudra prévenir la négociation ou la transmission des titres dont il a été dépossédé devra notifier par exploit d'huissier, au Syndicat des Agents de change de Paris, une opposition renfermant les énonciations prescrites par l'article 2 de la présente loi ; l'exploit contiendra réquisition de faire publier les numéros des titres.

Cette publication sera faite un jour franc au plus tard par les soins et sous la responsabilité du Syndicat des Agents de change de Paris. dans un Bulletin quotidien, établi et publié dans les formes et sous les conditions déterminées par un règlement d'administration publique.

Le même règlement fixera le coût de la rétribution annuelle due par l'opposant pour frais de publicité. Cette rétribution annuelle sera payée d'avance à la caisse du Syndicat, faute de quoi la dénonciation de l'opposition ne sera pas reçue, ou la publication ne sera pas continuée à l'expiration de l'année pour laquelle la rétribution aura été payée.

Art. 12. — Toute négociation ou transmission postérieure au jour où le Bulletin est parvenu ou aurait pu parvenir, par la voie de la poste, dans le lieu où elle a été faite, sera sans effet vis-à-vis de l'opposant, sauf le recours du tiers porteur contre son vendeur et contre l'agent de change par l'intermédiaire duquel la négociation aura eu lieu. Le tiers porteur pourra également, au cas prévu par le présent article, contester l'opposition faite irrégulièrement ou sans droit.

Sauf le cas où la mauvaise foi serait démontrée, les agents de change ne seront responsables des négociations faites par leur entremise qu'autant que les oppositions leur auront été signifiées personnellement ou qu'elles auront été publiées dans le Bulletin par les soins du Syndicat.

Art. 13. — Les agents de change doivent inscrire sur leurs livres les numéros des titres qu'ils achètent ou qu'ils vendent.

Ils mentionneront sur les bordereaux d'achat les numéros livrés. Un règlement d'administration publique déterminera le taux de la rémunération qui sera allouée à l'agent de change pour cette inscription des numéros.

Art. 14. — A l'égard des négociations ou transmissions de titres antérieures à la publication de l'opposition, il n'est pas dérogé aux dispositions des art. 2279 et 2280 du Code civil.

Art. 15. — Lorsqu'il se sera écoulé dix ans depuis l'autorisation obtenue par l'opposant, conformément à l'article 3, et que, pendant le même laps de temps, l'opposition aura été publiée sans que personne se soit présenté pour recevoir les intérêts ou dividendes. l'opposant pourra exiger de l'établissement débiteur qu'il lui soit remis un titre semblable et subrogé au premier. Ce titre devra porter le même numéro que le titre originaire. avec la mention qu'il est délivré par duplicata.

Le titre délivré en duplicata conférera les mêmes droits que le titre primitif et sera négociable dans les mêmes conditions.

Le temps pendant lequel l'établissement n'aurait pas mis en distribution de dividendes ou d'intérêts ne sera pas compté dans le délai ci-dessus.

Dans le cas du présent article, le titre primitif sera frappé de déchéance, et le tiers porteur qui le représentera après la remise du nouveau titre à l'opposant n'aura qu'une action personnelle contre celui-ci au cas où l'opposition aurait été faite sans droit.

L'opposant qui réclamera de l'établissement un duplicata payera les frais qu'il occasionnera. Il devra, de plus, garantir, par un dépôt ou par une caution, que le numéro du titre frappé de déchéance sera publié pendant dix ans avec une mention spéciale au Bulletin quotidien.

Art. 16. — Les dispositions de la présente loi sont applicables aux titres au porteur émis par les départements, les communes et les établissements publics, mais elles ne sont pas applicables aux billets de la Banque de France, ni aux billets de même nature émis par des établissements légalement autorisés, ni aux Rentes et autres titres au porteur émis par l'Etat, lesquels continueront à être régis par les lois, décrets et règlements en vigueur.

Toutefois, les cautionnements exigés par l'administration des finances pour la délivrance des duplicata de titres perdus, volés ou détruits, seront restitués si, dans les vingt ans qui auront suivi, il n'a été formé aucune demande de la part des tiers porteurs, soit pour les arrérages, soit pour le capital. Le Trésor sera définitivement libéré envers le porteur des titres primitifs, sauf l'action personnelle de celui-ci contre la personne qui aura obtenu le duplicata.

Délibéré en séance publique, à Versailles, le 15 juin 1872.

Le Président,
Signé : JULES GRÉVY.

Les secrétaires,

Signé : Vicomte DE MEAUX, FRANCISQUE RIVE, PAUL DE RÉMUSAT, Marquis COSTA DE BEAUREGARD, Baron DE BARANTE.

Le Président de la République,
Signé : A. THIERS.

Le garde des sceaux, ministre de la justice.
Signé : J. DUFAURE.

DÉCRET

*Réglant l'exécution des articles 11 et 13 de la loi du 15 juin 1872
relative aux Titres au porteur.*

Du 10 avril 1873

(PROMULGUÉ AU *Journal officiel* DU 11 AVRIL 1873)

Le Président de la République française,

Sur le rapport du garde des sceaux, ministre de la justice,

Vu les articles 11 et 13 de la loi du 15 juin 1872, ainsi conçus :

« Article 11. — L'opposant qui voudra prévenir la négociation ou la transmission des titres dont il a été dépossédé devra notifier, par exploit d'huissier, au Syndicat des agents de change de Paris, une opposition renfermant les énonciations prescrites par l'article 2 de la présente loi ; l'exploit contiendra réquisition de faire publier les numéros des titres.

» Cette publication sera faite un jour franc au plus tard, par les soins et sous la responsabilité du Syndicat des agents de change de Paris, dans un Bulletin établi et publié dans les formes et sous les conditions déterminées par un règlement d'administration publique.

» Le même règlement fixera le coût de la rétribution annuelle due par l'opposant pour frais de publicité. Cette rétribution annuelle sera payée d'avance à la caisse du Syndicat, faute de quoi la dénonciation de l'opposition ne sera pas reçue, ou la publication ne sera pas continuée à l'expiration de l'année pour laquelle la rétribution aura été payée.

» Art. 13. — Les agents de change doivent inscrire sur leurs livres les numéros des titres qu'ils achètent ou qu'ils vendent.

» Ils mentionnent sur les bordereaux d'achat les numéros livrés. Un règlement d'administration publique déterminera le taux de la rémunération qui sera allouée à l'agent de change pour cette inscription des numéros. »

Le Conseil d'Etat entendu.

Décrète :

Article premier. — L'exploit signifié au Syndicat des agents de change de Paris, en exécution de l'article 11 de la loi du 15 juin 1872, mentionnera en toutes lettres et en chiffres les numéros des titres dont la publication sera requise.

Art. 2. — Le recueil quotidien que publiera la Compagnie des agents de change de Paris, conformément au même article de loi, portera pour titre : *Bulletin officiel des oppositions sur les titres au porteur, publié par le Syndicat des agents de change de Paris.*

Art. 3. — Le prix de l'insertion sera de cinquante centimes par numéro de valeur et par an.

En cas de mainlevée de l'opposition avant l'échéance de l'année, le prix payé restera acquis au Syndicat.

Art. 4. — Le Bulletin publiera les oppositions par catégories de valeurs.

Tous les numéros d'une même valeur seront inscrits à la suite les uns des autres par ordre augmentatif et en chiffres.

Art. 5. — Il ne pourra être inséré dans le Bulletin ni annonce, ni réclame, ni article quelconque.

Art. 6. — Les parties intéressées ne pourront faire cesser la publication des numéros frappés d'opposition qu'en justifiant de la mainlevée de l'opposition dans l'une des trois formes suivantes :

1° Par acte notarié ;

2° Par la remise de l'original de l'opposition ou de sa notification au Syndicat, avec mention de la mainlevée, ladite mention légalisée soit par un agent de change près la Bourse de Paris, soit par le président du tribunal civil, par le préfet ou le juge de paix du domicile de l'opposant ;

3° Par la signification d'une décision judiciaire devenue définitive.

Néanmoins, lorsqu'il s'agira d'une mainlevée partielle, l'opposant pourra arrêter la publication partielle de son opposition par un simple acte extrajudiciaire, mais à la condition de représenter au Syndicat l'original de l'opposition à restreindre ou de sa notification, et d'inscrire sur ledit original, qui continuera de rester en ses mains, mention de la mainlevée partielle par lui consentie.

Art. 7. — Le prix de l'abonnement au Bulletin ne pourra pas dépasser 70 fr. par an ; le prix du numéro ne pourra pas dépasser 50 centimes.

Ces deux maxima sont fixés pour toute la France continentale, les droits de poste compris. Pour les colonies et l'étranger, les droits de poste seront perçus en sus.

Art. 8. — Le Syndicat sera tenu de donner à tout requérant communication gratuite, sans déplacement, des numéros du Bulletin dont le tirage serait épuisé.

Art. 9. — L'opposant et les tiers porteurs successifs du titre frappé d'opposition ou leurs ayants cause pourront obtenir du Syndicat une copie certifiée ou un extrait des actes d'opposition ou de mainlevée les intéressant, moyennant un droit de un franc en sus du timbre.

Art. 10. — Toute personne pourra obtenir, moyennant un droit de 50 centimes, l'indication du nom et du domicile de l'opposant, ainsi que la date de l'opposition.

Art. 11. — Le taux de la rémunération allouée aux agents de change pour mentionner sur les bordereaux d'achat les numéros livrés est fixé à 5 centimes par titre.

Art. 12. — Les prix et tarifs fixés par le présent règlement seront revisés, s'il y a lieu, après la première année de leur mise à exécution.

Art. 13. — Le garde des sceaux, ministre de la justice, est chargé de l'exécution du présent décret, qui sera inséré au *Bulletin des lois.*

Fait à Paris, le 10 avril 1873.

A. THIERS.

Par le Président de la République :
Le garde des sceaux, ministre de la justice
J. DUFAURE.

TABLE DES MATIERES

PREMIÈRE PARTIE

OPÉRATIONS DE BOURSE

DEUXIÈME PARTIE

TITRES AU PORTEUR

CHAPITRE XVIII

[CHAPITRE XIX

CHAPITRE XX

CHAPITRE XXI

CHAPITRE XXII

CHAPITRE XXIII

CHAPITRE XXIV

CHAPITRE XXV

CHAPITRE XXVI

TROISIÈME PARTIE

SOCIÉTÉS ANONYMES. — APPELS DE FONDS

CHAPITRE XXVII

CHAPITRE XXVIII

CHAPITRE XXIX

QUATRIÈME PARTIE

TITRES SORTIS AUX TIRAGES

VENTE A CRÉDIT DE VALEURS A LOTS — TITRES COTÉS ET PARAPHÉS
DON MANUEL DE VALEURS AU PORTEUR — RENTES DÉPARTEMENTALES
DROITS DES OBLIGATAIRES DES SYNDICATS FINANCIERS

CHAPITRE XXXIII

AUTEURS CI

Alauzet. — *Commentaire du Code de commerce.*

Berr (Émile). — *Les Jeux de Bourse devant la loi (Nouvelle _*

Buchère. — *Traité des valeurs mobilières ; Traité des opérati. de Bourse.*

De Folleville. — *Traité de la possession des meubles et des titres au porteur.*

G. Duvert. — *Conversions et Transferts.*

Toyot. — *Conversions et Transferts.*

Guillard. — *Les Opérations de Bourse.*

Labbé.

Le Couppey. — *Les Spéculations et les reports devant la loi.*

Ledru et Worms. — *Journal des Sociétés civiles et commerciales.*

Legost. — *Étude sur les titres au porteur perdus ou volés.*

Mathieu Bodet. — *Marchés à terme et Jeux de Bourse.*

Mollot. — *Bourses de commerce.*

Moret et Desrues. — *Memento du possesseur de titres au porteur.*

Naquet. — *Rapport présenté à la Chambre des Députés sur la validité des marchés à terme.*

Am. Petit. — *Étude sur les titres au porteur.*

Paul Pont.

Rivière. — *Commentaire de la loi sur les Sociétés.*

Troplong. — *Contrats aléatoires.*

Paris. — Imp. Schiller, 10, faub. Montmartre